KB042801

옵티멀 라이프

옵티멀 라이프

초 판 1쇄 2023년 08월 30일

지은이 이광미
펴낸이 류종렬

펴낸곳 미다스북스
본부장 임종익
편집장 이다경
책임진행 김가영, 신은서, 박유진, 윤가희, 정보미

등록 2001년 3월 21일 제2001-000040호
주소 서울시 마포구 양화로 133 서교타워 711호
전화 02) 322-7802~3
팩스 02) 6007-1845
블로그 http://blog.naver.com/midasbooks
전자주소 midasbooks@hanmail.net
페이스북 https://www.facebook.com/midasbooks425
인스타그램 https://www.instagram/midasbooks

© 이광미, 미다스북스 2023, *Printed in Korea*.

ISBN 979-11-6910-305-3 03190

값 **20,000원**

※ 파본은 본사나 구입하신 서점에서 교환해드립니다.
※ 이 책에 실린 모든 콘텐츠는 미다스북스가 저작권자와의 계약에 따라 발행한 것이므로 인용하시거나 참고하실
　경우 반드시 본사의 허락을 받으셔야 합니다.

미다스북스는 다음세대에게 필요한 지혜와 교양을 생각합니다.

옵티멀 라이프

——— 최적의 삶은 어떻게 만들어지는가? ———

이광미 지음

_____ 님의

최적의 삶을 응원합니다.

미다스북스

추천사

30년간의 언론 생활은 성공을 향한 치열한 삶의 현장을 목격하게 했다. 만족감은 영원하지 못했고 또 다른 열패감으로 상처받는 이들도 보았다. 성취란 무엇인가? 성공의 유전자는 과연 존재하는가? 진정한 내 자신의 가치를 확인받고 싶다면 책에서 해답을 구해라. 경쟁이 아닌 상생의 접점에서 돌아보는 최적의 삶. 책의 해법은 충격적이다.

– 유정임(유정임 채널 Respect Edu 대표, 전 뉴스1부산경남 대표,
BeFM 제작국장, KNN PD)

누구나 같은 목표만을 좇는 경쟁 속에서 저자는 의사로서 단순한 건강정보를 전하는 게 아니라 건강을 통한 행복 그리고 자기 브랜딩을 통한 미래 인재상을 그리고 있다. 인생 리브랜딩을 꿈꾸는 모든 리더들에게 이 책을 추천한다.

– 양현석(티플래닛 대표, 호스피탈리티 컨설턴트)

황제내경에서 명의는 미병을 치료한다고 하였다. 이 시대의 석학인 이광미 원장

님은 최신 유전자와 미토콘드리아, 양자역학, 뇌과학, 의학 이론을 통한 무의식과 잠재력 개발을 일상에 적용하여 누구나 자신의 삶을 최적화시키는 명의가 될 수 있는 가이드라인을 제시한다.

– 윤사중(프리딕티브사 대표이사, Johns Hopkins University Adjunct Professor)

사람들은 행복하고, 건강한 삶을 추구한다. 어떻게 하면 세상에 긍정적인 영향을 끼치고, 건강하고 만족스러운 인생을 살 수 있을까. 이 책은 행복과 건강, 관계에서 최고가 아닌, 최적화된 삶이 가장 만족스러운 인생으로 직결된다고 이야기한다. '최적의 삶'이란 방식을 뇌과학, 심리학, 웰에이징 가정의학 전문의의 통섭적 관점으로 고민한 이광미 원장을 통해서 '행복한 인생'을 추구하는 여정을 함께할 수 있지 않을까.

– 이병철(부산일보 논설위원)

생물학적 뇌는 여러 변화하는 상황에서 "최적의" 상태를 찾아 안정을 유지하려고 하는 반면 인간의 의사 결정은 때때로 "최상의" 결과로 인식되는 것을 추구하는 과정에서 스트레스와 복잡성을 유발한다. 『옵티멀 라이프』는 저자의 자전적 경험과 전문적인 의과학적 지식의 독특한 조합을 바탕으로 인간의 사고에 대한 섬세한 이해와 무의식의 잠재력에 대한 놀라운 통찰을 제공한다. 일상의 소음이 내면의 속삭임을 삼키는 세상에서 개인의 성장과 지속 가능한 건강하고 행복한 삶의 균형을 찾는 이들은 이 책을 통해 의식과 무의식의 균형을 찾아 최적의 삶을 살아가는 현명한 지혜를 갖게 될 것이라 확신한다.

– 김기범(한국뇌연구원 책임연구원, 물리학 박사)

최고가 아닌 최적의 삶을 따라라

많은 사람이 최고를 추구한다. 영어로 표현하면 더 베스트(the best)이다. 최고의 강의, 최고의 아파트, 최고의 아내, 최고의 남편, 최고의 부모, 최고의 명예, 최고의 부…. 모두가 최고가 되기 위해 노력하며 앞만보고, 더 높은 곳을 향해 달린다. 그러나 '최고'는 손에 잡힐 듯해도 잡히지 않는다. 최고의 목표를 추구하면 다른 소중한 걸 희생하게 된다.

나 역시 최고를 추구하며 살던 때가 있었다. 그러나 나는 이제 최적의 삶이야말로 가장 자연스럽고 만족스러운 삶이라는 것을 안다. 최적의 삶, 옵티멀 라이프(optimal life)는 내려놓음과 통찰을 통해 삶에서 소중한 걸 지키는 삶이다. 최적의 삶에서 중요한 건 균형과 통찰이다. 균형은 소중한 것에 적절한 에너지를 올바르게 분배하는 것이다. 통찰은 자신이 진정 원하는 것이 무엇인지를 잘 아는 것이다.

나는 나 자신이 최적의 삶을 살고 있는지 의문이 들 때마다 나 자신을 깊게 들여다보며 최적의 길을 찾고자 했다. 최적의 삶을 살기 위해 내게 가장 중요했던 것은 인생의 기로에서 좋은 선택을 하는 일이었다. 이제부터 내가 최적의 삶을 깨닫기까지의 이야기를 풀어볼까 한다.

알 수 없는 힘이 나를 최적의 길로 끌어당겼다

'건축학과'. 고등학교 3학년 수험생이었던 나는 처음 넣은 수시 원서에 건축학과를 써넣었다. 진로에 대해 깊게 고민해본 건 아니었지만 왠지 건축학과가 멋있어 보였다. 집의 도면을 그리고 만들어질 건축물을 상상하는 게 재밌을 것 같기도 했다. 내가 살던 곳은 서울 강남의 빌딩 숲이었는데, 등하굣길이 선릉역 근처였다. 그 길에는 유리벽으로 만들어진 포스코 건물이 있었다. 지금 생각해보면 아무래도 그 건물을 감명 깊게 마음에 담았던 것이 진로 선택에 영향을 끼쳤던 것 같다. 건축물의 아름다움에서 느낀 감동이 자연스럽게 진로 선택으로 이어진 것이다.

그런데 건축학과에서 떨어졌다는 발표가 나왔다. 수능 점수가 나오자마자 어머니는 조심스럽게 의대를 권하셨다. "여자가 공대 가면 힘들지 않니? 안정적인 의대가 좋지." 나는 순순히 어머니의 말씀을 따랐다. 그러나 대학을 다니면서 그것이 잘못된 선택이었다는 걸 느끼기 시작했다. 만족스럽지 않았다. 공부를 열심히 하긴 했지만 크게 흥미를 느끼지 못했다. 내가 진정 무엇을 원하는지 알지 못하니 재미가 없는 것은 당연했다.

마음속에서 '내가 원하는 길은 의사가 아니야.'라는 목소리가 나오기 시작했다. 사춘기 반항아처럼 어머니를 원망하기도 했다. 내가 무엇을 좋아하고 잘하는지 찾기 시작한 것은 의과대학 본과 2학년이 된 이후였다. 의대처럼 진로가 명확한 길에 들어선 후에 새로운 길을 찾는 건 쉽지 않은 일이었다. 내가 진정 원하는 것이 잡힐 듯 잡히지 않았다. 고민은 길고도 깊었다.

결국 내가 찾은 답은 뇌였다. 나는 무의식, 기억, 인지 과학에 관심이 많았다. 기능이 무궁무진한 뇌를 평생 연구해도 흥미로울 것 같았다.

이번에는 내 길을 찾을 수 있다는 확신이 들었다. 나는 새로운 도전의 마음으로 외부 병원의 정신과를 택했다. 오직 마음속 목소리를 따라 주도적으로 한 결정이라 끝까지 해내겠다는 굳건한 의지가 있었다. 그러나 나의 인생 첫 도전은 실패로 끝났다.

정신과를 그만둔 가장 큰 이유는 번아웃과 다시 찾아온 진로에 대한 고민이었다. 그러나 정말 그만둔 이유를 말하자면 복잡하고도 깊은 다양한 원인이 있었다. 정신과에 남고 싶은 마음도 있었지만 설명할 수 없는 무의식적 요인들이 나를 다른 방향으로 이끌었다.

심리학자나 뇌과학자의 길을 가보고 싶었다. 하지만 의사라는 직업을 포기하는 건 쉬운 일이 아니었다. 많은 고민 끝에 '몸과 마음을 연결하는 의사'가 되겠다는 마음으로 가정의학과를 선택했다. 그러나 전문의 제도 안에서 몸과 마음을 연결하는 의사가 되기는 어려웠다. 마음의 갈증은 점점 커졌다. 그 사이 전문의를 따고 결혼도 했다. 나는 남편에게 고민을 털어놓고 뇌과학 대학원에 가고 싶다고 말했다.

남편은 나를 이해하지 못했다. 당시는 인공 지능 알파고도 나오기 전이라 뇌과학자의 구체적 진로를 설명할 방법이 없었다. 내게는 가족의 경제적 안정을 위해 돈을 벌어야 할 책임도 있었다. 결국 뇌과학자의 길은 접고 말았지만, 의사로서 일하면서도 내 마음속에는 심리학과 뇌과학에 대한 열망이 타오르고 있었다.

그러던 중 운이 찾아왔다. 몸과 마음을 연결하는 학문인 통합의학을 찾은 것이다. 통합의학은 여러 증상과 병의 근본적인 원인을 삶에서 찾아 몸과 마음을 치유하는 학문이다. 육체적, 심리 사회적 요인들이 세포 기능에 영향을 미치므로 이를 고려하여 치료한다.

드디어 나의 길을 찾았다고 생각하여 통합의학에 10년 동안 매진했다. 몸과 마음의 증상이 겹겹이 쌓여 있는 환자들을 치유하며 큰 보람을 느꼈다. 그와 함께 세포의 미토콘드리아 기능을 개선하는 항산화 조성물을 개발했고 9개 특허를 출원하였다.

그 사이 부산으로 삶의 터전을 바꾸는 계기가 있었다. 부산 기장에 새롭게 지어지는 리조트에서 웰니스 병원을 시작한 것이다. 빌딩 숲을 벗어나 바다라는 거대한 자연과 함께한 5년은 인생에 큰 변화를 가져왔다.

리조트 안에서 자연이 주는 치유 방법을 접하고, 자연 에너지를 받으며 내 무의식은 깊게 확장했다. 무의식 깊은 곳에서 영적으로 교감하는 과정은 새로운 경험이었다. 내 무의식과 영혼은 자유로워졌다. 나는 의학을 넘어 헬스 케어로 나아갔다. 심리학과 뇌과학에 대한 깊은 관심은 휴먼 브랜딩으로 향했다. 미래를 예측하여 건강하고 행복한 인생을 살도록 돕는 동반자로서 새로운 삶을 시작했다.

인생길의 끊임없는 갈등은 통합의학에서 합쳐졌고 이제 헬스 케어와 휴먼 브랜딩으로 나뉘었다. 이 둘은 의식과 무의식의 관계처럼 내 인생을 이끈다. 둘 중 하나라도 빠지면 내 정체성은 설명되지 않는다.

최적의 삶으로 향하는 인생의 길

건축학과　　　뇌과학자　　　뇌과학자

휴먼 브랜딩

정신과
의대　　　가정의학과
전문의 – 통합의학　　　부산 – 웰니스 병원

헬스 케어 플랫폼

심리학자

단 하나의 선택, 최적의 삶

나는 과연 최적의 삶을 살고 있을까?

만약 내가 건축학과에 갔다면 어땠을까?

정신과를 그만두었을 때 심리학자나 뇌과학자의 길을 갔다면 어땠을까?

심리학과 뇌과학을 아예 포기하고 흥미를 접었다면?

여러분은 멀티버스(Multiverse), 다중 우주 이론을 아는가? 최근 가장 유명했던 것은 영화 〈어벤저스-엔드게임〉일 것이다. 주인공들은 시간을 조절하는 능력을 지닌 '타임 스톤'을 이용하여 악당을 이길 방법을 찾는다. 그중 닥터 스트레인지는 14,000,605개의 미래를 경험하고 이길 수 있는 유일한 한 가지 방법을 찾아내 승리한다.

이는 영화만의 이야기가 아니다. 양자 물리학이 발전하면서 다중 우주 이론은 사실로 받아들여지고 있기 때문이다. 이 이론에 따르면 다중 우주에는 건축학자, 심리학자, 뇌과학자인 내가 존재한다. 이 말인즉슨, 나는 무엇이든 될 수 있고 무한한 가능성이 있다는 뜻이다. 이렇게 수많은 가능성의 1,400만 개의 미래 중 단 하나의 삶이 바로 최적의 삶이다.

그렇다면 나를 오늘의 나, 최적의 삶으로 이끌어온 힘은 무엇이었을까?

그건 바로 무의식이다. 나를 최적의 삶으로 이끈 것은 나의 무의식이었다. 균형을 잡게 하고 통찰하는 지혜를 발휘하게 한 것은 나도 몰랐던 내 안의 나였다.

무의식은 현재 우주에 적합한 최적의 삶을 찾는다. 현재의 삶을 한 가지의 가능성으로 이끄는 힘이 있기 때문이다. 현재의 우주는 양자 역학의 관점에서 단 하나의 파동 함수를 가진다. 우주의 모든 입자는 파동으로 얽혀 최적의 조합이 만들어진다. 우리에게는 영화 속 타임 스톤 대신 무의식이 있는 것이다.

당신 안의 최적의 삶을 찾아라!

내 이야기를 읽으며 진로를 너무 늦게 찾았다고 생각한 사람이 있을지도 모른다. 멀리 돌아온 듯한 느낌을 받았을 수도 있다. 하지만 모든 선택과 과정에는 이유가 있었다. 만약 정신과라는 선택이 실패로 끝나지 않았다면 나는 뇌를 연구하는 의사가 되었을 것이다. 그러나 지금 나는 다른 선택과 다른 결과를 거쳤다. 덕분에 몸과 마음을 연결하여 복잡한 인간의 삶을 깊게 들여다볼 수 있었다. 그렇게 인간의 삶을 연구했기에 세상과 연결되어 새로운 삶의 방향을 찾을 수 있었다.

과거를 돌아보면 이제는 고개가 절로 끄덕여진다. 나는 무의식과 더 깊게 교감하며 무의식이 가리키는 길을 함께 바라본다. 나의 미래는 무의식이 비추는 방향으로 향한다. 그 길이 내 인생 최적의 길이라는 걸 믿는다.

운명론이 아니다. 우리는 무의식과 소통하고 깊게 영향을 주고받을 수 있기에 모두 자기 삶의 리더가 될 수 있다.

나는 이 책을 통해 여러분을 최적의 삶으로 안내하려 한다. 무의식이 인생에 어떠한 영향을 미치는지 설명하고, 여러분이 무의식을 탐구하며 최적의 삶을 선택하는 지혜와 통찰력을 기르도록 돕고자 한다.

1파트에서는 '무의식과 최적의 삶'이 어떤 관계에 있는지, 우리가 무의식을 어떻게 활용하는지에 대해서 보다 깊게 다룬다. 2파트부터는 우리에게 필요한 '4단계의 점검'을 풀었다. 첫 번째는 몸 건강의 점검이다. 몸의 증상을 살피고 최적의 건강을 이루는 생활 습관이 필요하다. 두 번째는 마음 건강의 점검이다. 행복하지 않은 이유를 찾고, 마음을 치유하여 잠재력을 키워야 한다. 세 번째는 관계의 점검이다. 영향을 받는 인간관계를 관리해서 세상과 바르게 연결된다. 네 번째는 자아실현의 점검이다. 삶의 목적과 존재 의미를 이해하여 인생의 참된 방향을 설정한다.

이렇듯 최적의 건강 → 최적의 행복 → 최적의 관계 → 최적의 인간으로 이어지는 삶의 점검은 최적의 삶을 이끈다. 여러분이 진정한 삶의 리더로 거듭나기 위한 내용들을 책에 담았다.

이 책이 여러분의 꿈과 성공을 이루는 동반자가 되길 바란다.

그리고 여러분 인생의 둘도 없는 조력자가 되어줄 무의식을 여행하면서 최적의 삶, 옵티멀 라이프를 찾길 바란다. 최적의 삶을 추구하라!

목차

Optimal Life

PART 1

OPTIMAL

최적의 삶을
살아라

LIFE

1

최적의 삶을 추구하라

걱정과 불안은 인생의 시그널이다

'왜 이렇게 피곤하지?'
'왜 우울하지?'
'왜 사는 걸까?'

바쁜 일상에 집중하다가도 이러한 질문들이 문득 떠오른다. 생각은 꼬리에 꼬리를 물고 이어진다. 생각은 걱정과 불안을 타고 마음속에서 번져간다. 잠이 많아지거나 잠이 오지 않거나, 가슴이 두근거리기도 하고 갑자기 온몸에 힘이 빠진 듯 무기력해지기도 한다. 집중을 방해하는 몸과 마음의 신호들. '최적의 삶'에서 거리가 먼 삶에서 헤매고 있을수록 이러한 신호는 끊임없이 우리를 자극한다. 왜냐하면 몸과 마음의 신호는 모두 나 자신에게 집중하라는, '최적의 삶을 추구하라'는 메시지이기 때문이다. '왜'라는 질문들의 주어는 모두 '나'이지 않은가.

여러분은 이 메시지에 얼마나 귀를 기울이는가? 대부분은 쉽게 귀를 기울이지 않는다. 갑자기 머리가 아프더라도 하루 종일 바쁘면 잊어버리거나 그냥 지나친다. 단어가 생각나지 않거나 기억이 잘 나지 않는 일이 반복되면 인터넷에서 기억력이 좋아지는 법을 찾아보는 정도로 넘어간다. 마음이 우울하거나 불안하고 힘들면 친구, 가족들과 대화로 풀거나 힐링을 위해 명상한다. 삶에 대한 방향을 잃어버린 느낌이 들면 자기 계발 책을 읽거나 심리 상담을 받는다. 가슴 통증이 반복되면 병원에 가서 의사에게 전문적인 진단과 치료를 받는다.

그러나 한계가 있다. 다양한 방법을 시도해보아도 결국 같은 '왜'라는 질문이 다시 떠오르고 만다. 근본적인 원인을 모르니 해결될 리가 없다. 이 문제는 우리가 최적의 삶을 추구하면 해결된다.

'최적의 삶을 추구하라'는 메시지는 무의식에서 온다. 삶의 방향을 다시 점검하라는 뜻이다. '지금 삶의 방향이 나 자신에게 최적화되어 있는가?'라는 질문이다. 이러한 의미는 우리가 생각하는 것보다 훨씬 깊고 거대하다.

무의식이란 무엇인가

　무의식이란 의식이 없는 상태에서의 뇌의 정신 활동을 뜻한다. 대표적인 것이 꿈이다. 꿈은 잠이 들어 의식이 없는 상태에서 일어나는 정신 활동이다. 그러나 일상생활에서도 무의식은 존재한다.

　무의식은 지구의 지각 밑에 존재하는 맨틀과 같이 보이지 않으나 항상 활동하기 때문이다. 맨틀의 움직임에 따라서 지각이 변동하고, 화산이 분출된다. 의식이 지각이라면 맨틀인 무의식은 의식을 변화시키고, 큰 영향을 끼친다.

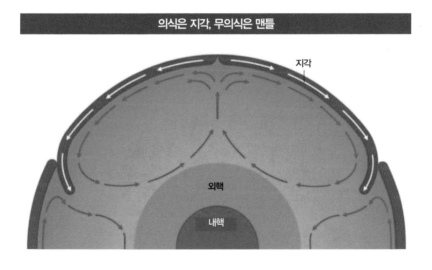

의식은 지각, 무의식은 맨틀

지각

외핵

내핵

　의식은 어떠한 목적을 가지고 무의식의 한 부분을 주의 집중하여 떠올리는 것이다. 렌즈로 한 부분을 집중해서 보는 것과 같다. 이는 상황을 판단하고 문제를 해결하는 과정이다. 그러므로 문제 해결의 이유는 논리적이며, 명확하다.

하지만 우리는 직관적으로 문제를 해결하기도 한다. 축적된 경험과 우리가 미처 인식하지 못한 많은 이유가 선택에 큰 영향을 미친다. 이것이 바로 무의식에 쌓인 정보들이다.

무의식에는 몸과 마음의 정보들이 저장되어 있고, 무의식은 이들을 실시간 모니터한다. 때문에 무의식은 삶에 문제가 있음을 가장 먼저 알고 이를 알리기 위해 신호를 계속해서 보낸다. 신호에 대한 해석은 표면적인 부분에서 그치기도 하고 본질적인 영역까지 깊어지기도 한다. 본질적 문제에 깊이 들어갈수록 그 흐름은 거대하며 삶에 큰 영향을 미친다. 심지어 삶의 방향을 완전히 바꿀 수도 있다.

무의식 속에 숨겨진 문제의 원인은 매우 다양하다. 생활 습관이 문제일 수도 있고, 세상을 바라보는 가치관의 문제일 수도 있다. 인간관계가 부정적인 영향을 끼칠 수도 있고, 성격이 문제일 수 있다. 현재 삶의 방향과 선택의 문제일 수도 있고, 자존감 부족이 원인일 수 있다. 심지어 표면적으로 드러난 신호가 사실은 다른 의미일 수 있다. 몸과 마음이 연결되어 있기 때문이다. 신체 증상을 호소하지만 사실 심리적 원인인 경우가 많다. 반대로 신체적인 질환이 원인이 되어 심리적 문제를 일으킬 수도 있다.

최적의 삶으로의 방향을 찾아라

때문에 바쁘다는 이유로 이런 문제들을 방치하면 위기가 찾아온다. 무엇이 먼저인지 혼란스러워지고, 원인은 점점 더 알 수 없어진다. 인생의 고비를 맞게 된다. 사람들은 보통 그제야 바쁜 일상을 내려놓고 나를 돌아보는 시간을 가진다. 바로 나를 찾는 시간이다.

나를 찾는 시간은 무의식 속 문제들을 해결하고 최적의 삶으로 나아가는 방향을 알아내는 시간이다. 나를 깊게 알수록 문제는 본질적으로 해결된다. 각각 다른 문제인 것 같아도 문제들의 원인을 찾고자 깊이 들어가면 모두 연결된다. 하나의 근본 문제를 해결하면 나머지는 쉽게 풀리고, 최적의 삶으로 나아갈 수 있다.

정신 분석 심리학자인 칼 구스타브 융(Carl Gustav Jung)은 자서전에서 말했다.

"나의 생애는 무의식이 자신을 실현한 역사이다."

– 『카를 융, 기억 꿈 사상』 칼 구스타브 융

또한 그는 "무의식을 의식화하지 않으면, 무의식이 우리 삶의 방향을 결정하는데, 우리는 바로 이런 것을 운명이라고 부른다."라고 하였다. 무의식은 최적의 삶으로 가는 방향을 결정한다. 무의식을 깊게 통찰하면 주체적인 삶의 리더로서 세상에 긍정적인 영향력을 미치며 최적의 삶을 살게 된다. 존재의 의미를 깨닫고 영혼에서 나오는 잠재력을 드러내게 되는 것이다.

　최적의 삶이란 각자가 마음속에 그리는, 자신에게 가장 잘 맞는 삶이다. '성공적이고 만족스러운 인생이다.'라고 생각할 수 있는 자신의 기준을 채우는 삶이다. 이 기준은 욕심을 채운다는 관점에서 세우는 것이 아니다. 좀 더 삶의 본질적인 이유에 근접하여 맞춰갈 때 우리는 가장 자연스럽게 행복할 수 있다. 당신만의 '최적의 삶'은 무엇인가? 함께 찾아가 보자.

2

당신은 이미 최적의 삶을 알고 있다

우리의 무의식 속에 최적의 삶이 있다

성공을 위해 일에 매진하다 건강을 망치는 경우가 있다. 부모님의 유산을 나누다가 돈에 대한 욕심으로 가족과 불화가 생기기도 한다. 부와 명예를 추구하다가 내가 뭘 위해 사는지 고민하며 어느 순간 마음이 공허한 경우도 부지기수다.

태어날 때 모두 순수했던 인간은 주어진 환경에 적응하며 세상을 알게 되고, 이것저것 욕심을 내고 부딪치고 깨지며 잃은 것도 잃을 것도 많아진다. 그러나 나이가 들어 죽음을 생각하면 그간 중요하게 여긴 것들이 부질없어진다. 인생에서 많은 것을 내려놓고 순리를 알게 된다. 그러다 자신에게 진정 소중한 것을 깨닫고 일상에서 행복을 느끼며 살다가 숨을 거둔다.

그렇다면 우리는 젊을 때는 부딪치고 깨지며 헛발질하다가 죽을 때가 되어서야 세상의 순리에 따르는 조화로운 삶, 최적의 삶을 알게 되는 것일까? 시간이 지나기를 기다리는 수밖에 없을까? 아니다. 우리는 이미 최적의 삶을 알고 있다. 그러나 아직 눈치채지 못하고 있을 뿐이다. 우리 자신의 최적의 삶은 무의식에 있기 때문이다.

'빙산의 일각'이라는 말이 있다. 눈에 보이는 빙산보다 바닷속에 있는 빙산이 거대하다는 뜻이다. 이는 의식과 무의식을 비유하는 데도 쓰이는데, 의식은 바다 위에 보이는 빙산이고 무의식은 바다 밑에 감춰진 거대한 부분이라는 비유이다.

무의식은 프로이트나 융으로 알려진 정신 분석학에서 많이 쓰는 용어이다. 사람들은 무의식을 학문적, 치료적, 미지의 영역이라고 생각한다. 평소에는 그다지 많은 관심을 가지지 않는다. 의식적으로도 충분히 사고하고 판단할 수 있는데 굳이 무의식을 활용할 이유가 없기 때문이다.

의식

무의식

하지만 최적의 삶에서 무의식은 중요하다. 무의식을 미래로 향하는 시점으로 보자. 뇌과학과 인공 지능, 양자 물리학과 같은 새로운 학문과 과학 기술이 등장하면서 무의식은 새로운 해석이 가능해졌다.

최적의 삶을 위한 무의식의 핵심 특성 네 가지

최적의 삶을 위해서 우리가 알아야 할 무의식의 핵심 특성은 네 가지이다.

① 무한하다
② 능력을 확장한다
③ 시간을 창조한다
④ 최고 효율을 낸다

이렇게만 보면 의미가 잘 와닿지 않을 테지만 다음의 설명을 보면 이해할 수 있을 것이다.

1. 무의식은 무한하다

80억 인구를 위한 지구의 자원은 점차 고갈되고 있다. 선진국들은 새로운 자원 확보를 위해 우주로 진출하고 있는데, 우주만큼이나 인류에게

남은 무한한 자원이 있다면 그것은 바로 무의식이다.

인간이 뇌의 기능을 얼마나 쓰는가에 대한 궁금증이 많았다. 실제로 우리는 아직 뇌를 충분히 활용하지 못하고 있다. 무의식은 인류가 가진 무한한 자원이다. 100조 개의 뇌의 시냅스는 무한한 가능성을 창조해낸다. 그러나 이 가능성은 의식이 아니라 무의식에 잠재되어 있다. 즉 무의식을 제대로 이해한다면 우리 뇌의 능력을 극대화시킬 수 있다는 뜻이다.

2. 무의식은 능력을 확장한다

이 특성을 이야기하기 위해서는 뇌와 세포 이야기가 필요하다. 뇌는 외부 환경과 내부 세포에서 오는 정보를 통합하여 문제를 해결한다. 이러한 정보 처리는 무의식과 연관이 있다. 무의식은 생명, 즉 세포의 정보를 읽고 모니터한다. 세포에는 한 사람의 정체성을 만드는 유전자인 DNA와 생명력을 담당하는 미토콘드리아가 있다. 이들은 환경의 신호에 따라 적절하게 반응하여 생존하고 진화하는데, 무의식은 이 세포의 생존과 진화 욕구를 뇌에 전달한다. 뇌는 전달받은 정보를 통해 삶의 방향을 설정하고 계획을 수립한다.

즉, 무의식은 DNA와 미토콘드리아, 뇌의 정보가 만나는 장소이다. 이들의 정보는 하나의 생명을 위해 존재한다. 바로 우리 자신이다. 인간이 오직 하나만 가지는 자아, 영혼이라고 부르는 존재의 영역 또한 무의식에 있는 것이다.

세포와 뇌를 연결하는 무의식은, 외부 환경과도 연결되어 정체성을 확장한다. 특히 과학 기술에 주목하자. 미래 인간의 정체성을 이루는 데 큰 영향을 끼치는 과학 기술들이 있다. 뇌를 모방한 인공 지능, 꿈과 같은 가상 세계를 창조하는 메타버스, 자연, 우주, 인간의 양자 정보를 해석하는 양자 컴퓨터 등이다. 이런 기술들은 통신의 발전, 인터넷의 발전이 그랬던 것처럼 우리의 정체성에 큰 영향을 미칠 것이다.

DNA, 미토콘드리아.

뇌.

인공 지능, 메타버스, 양자 에너지와 같은 미래 과학 기술의 발전.

이들은 모두 연결되어 인간의 정체성을 이루고 인간의 능력을 확장한다. 그리고 이 연결과 융합은 무의식이 포용하며, 이를 통해 최적의 삶을 위한 방향을 제시한다.

미래 기술과 연결되는 인간의 정체성

DNA　　　미토콘드리아

양자 에너지　　정체성　　뇌

환경/메타버스　　AI

3. 무의식은 새로운 시간을 창조한다

무의식은 언제 활발히 나타나는가? 바로 의식이 없는 상태, 즉 잘 때이다. 우리는 하루에 평균 8시간, 즉 24시간의 30%를 수면에 쓴다. 많은 이들이 자는 시간이 아깝다고 한다. 수면 시간은 피로를 줄이는 시간으로 본다. 그러나 잠은 무의식이 활발하게 뇌를 사용하는 시간이다. 때문에 무의식을 잘 활용하면 결과적으로 우리는 하루 중 30%, 8시간을 더 유용하게 쓰는 것이다. 인생에서 자는 시간을 활용한다는 건 새로운 시간을 창조하는 것이다.

4. 무의식은 최고의 효율을 부른다

무의식을 활용하면 효율성이 엄청나게 높아진다. 시간으로 치면 인생에서 30%가 늘어나는 것이지만 효율성을 고려하면 그 무엇과도 비교할수 없다. 의식과 무의식의 정보 처리 방식과 정보량이 다르기 때문이다.

의식에 비해 무의식은 훨씬 많은 양의 시냅스를 광범위하게 사용한다. 정보의 창의 융합이 자발적으로 끊임없이 나타난다. 꿈을 살펴보면 무의식이 뇌에 저장된 다양한 정보를 융합하여 새로운 세계를 창조해낸다는 것을 알 수 있다.

의식과 무의식의 정보 처리 방식은 슈퍼 컴퓨터와 양자 컴퓨터만큼이나 다르다. 무의식을 활용한다는 것은 슈퍼 컴퓨터를 주로 쓰던 뇌가 양자 컴퓨터를 적극적으로 활용하는 뇌로 진화한다는 것을 뜻한다. 이에 대한 설명은 앞으로 하나씩 풀어볼 것이다.

최적의 삶을 위해 무의식을 십분 활용하라

인공 지능은 지금까지 인간만의 영역이라고 생각했던 논리적, 지적, 전문적인 영역을 너무 쉽게 무너뜨리고 있다. 우리의 정체성을 새롭게 정하고, 각자의 재능을 찾아 진화해야 하는 시기이다. 이러한 세상의 흐름을 따르기에 무의식은 정말 좋은 자원이다.

그러나 사람들은 무의식이 모호하고 추상적인 개념이라고 생각한다. 무의식의 불확실성을 의심한다. 그러나 무의식의 가능성을 덮어두기에는 너무 아깝다. 인공 지능에 대체되지 않는 나를 만들기 위해서는 무의식의 활용이 필수이다.

무의식을 잘 활용한다는 건 삶을 풍요롭게 만들고 성공으로 도약하는 최적의 길을 여는 것이다. 무의식은 언제나 메시지를 보내고 있으며 여러분과 연결되기를 기다린다. 무의식으로 가는 문을 열어 최적의 삶으로 향하는 새로운 세상을 기쁘게 맞이하길 기대한다.

3

스펙트럼 사고를 활용하라

무의식을 활용하는 최적의 삶을 위해서는 먼저 이해하고 넘어가야 할 개념들이 있다. 바로 세 가지 사고방식이다. 이 개념을 적용하면 삶을 새로운 관점에서 보게 되고 생각을 진화시킬 수 있다. 앞으로 설명할 세 가지 개념에 뇌과학이나 양자 물리학의 내용이 있어 어려울 수 있지만 잘 읽어보면 충분히 이해할 수 있다. 이 개념들을 이해하면 이후에 설명할 최적의 건강, 행복, 관계, 인간이 쉽게 다가올 것이다.

스펙트럼 사고란 무엇인가

〈이상한 변호사 우영우〉라는 드라마가 있었다. 천재적인 두뇌를 가졌으나 자폐 스펙트럼 장애를 앓고 있는 주인공 우영우(박은빈)가 대형 로

펌에 들어가며 시작되는 이야기이다.

드라마 〈이상한 변호사 우영우〉

'자폐 스펙트럼 장애'

이를 읽었을 때 무의식적으로 마음에 먼저 와닿는 단어가 무엇인가? '자폐'가 먼저 떠오른다면, 주인공과 그 외의 인물을 볼 때 '자폐라는 질병이 있는가 없는가'의 차이를 중심으로 나눠 보게 될 것이다. 대표적인 사람이 라이벌로 나오는 동료 변호사 권민우(주종혁)이다. 그는 극 초반부터 우영우가 직장 생활을 할 수 있는 정상인이 아니므로 함께 일할 수 없다고 말한다. 게다가 세상은 장애인에게 더 유리하게 돌아간다며, 오히려 자신이 역차별 당하는 것이 불합리하다고 주장한다.

그렇다면 '스펙트럼'을 중심으로 보자. 이는 같은 자폐일지라도 사람마다 증상이 달라 사회 적응 능력도 다르다는 것을 말해준다. 극 중 나오는 자폐인인 김정훈(문상훈)은 사회생활이 어려울 정도의 수준이라는 설정으로 등장한다. 그러나 주인공은 자폐의 전형적 특징을 보이나 사회생활을 충분히 할 수 있는 정도이다. 극 중 다른 동료 변호사인 최수연(하윤경)은 우영우의 장점과 단점을 고루 고려하고 소통하며 부족한 점은 돕고 배울 점은 배우며 함께 성장한다.

자폐인과 정상인, 이렇게 세상을 둘로 나누어 바라보는 방법을 이분법적 사고라고 한다. 둘 중 하나를 선택해서 보는 사고이므로 논리적이고 분석적이다. 반면 사람마다 각자 다양한 능력이 있으므로 여러 조합을 고려해서 이해하는 방법을 스펙트럼 사고라고 한다. 다양한 경우의 수를 고려해서 확률적으로 사고하므로 경계가 없어 유연하고 개방적이다.

최적의 삶을 위한 첫 번째 개념은 스펙트럼 사고를 활용하는 것이다.

스펙트럼이라는 단어는 '빛의 스펙트럼'에서 나왔다. 빛이 프리즘을 통과하면 여러 파장에 따라 무지개처럼 색깔이 나타나면서 빛의 스펙트럼이 생긴다. 하나의 빛도 다양한 파장이 다양한 확률로 존재하는 스펙트럼을 가진다. 우리도 마찬가지다.

| 빛이 프리즘을 통과하면 파장에 따라 다른 색깔의 스펙트럼을 가진다.

스펙트럼 사고로 본 세상은 다양한 일들이 다양한 경우의 수를 가지고 확률적으로 일어난다. 그래서 변화를 쉽게 이해하고 적응할 수 있다. 스펙트럼 사고는 삶을 진화시키는 데에도 유용하다. 이분법적인 사고는 세상을 둘로 나누어 보기 때문에 편견이 생기고 틀에 갇혀버릴 수 있다. 그러나 스펙트럼 사고를 하면 세상이 많은 가능성을 가지고 있어 이를 확장하고 변화시킬 수 있다는 믿음이 생긴다.

이분법적 사고의 작동 방식
= 0 아니면 1, 컴퓨터의 방식

뇌가 이분법적 사고를 하는 이유는 뇌가 컴퓨터처럼 작동하기 때문이다. 컴퓨터가 받는 데이터 정보의 최소 단위는 비트(bit)이다. 비트는 이분법인 0과 1로 이루어진다. 정보를 받을 때 0과 1 둘 중 하나를 선택하는 것이다. 그 예로 선과 악, 옳고 그름, 좋고 싫음, 이로움과 해로움과 같은 다양한 개념들이 있다. 이들은 동전의 양면처럼 반대로 나누어지는데 이런 경우가 이분법적 사고이다.

실제로 뇌는 슈퍼 컴퓨터처럼 작동한다고 알려졌다. 2021년 영국 켄트 대학의 벤 굴트(Ben Goult) 박사는 기억에 관한 '메쉬코드(MeshCODE)'라는 새로운 이론을 발표했다. 뇌세포에는 탈린이라는 단백질이 있는데, 이 탈린으로 이루어진 메쉬코드 구조가 반도체처럼 작동한다[1]는 것이다.

뇌세포는 시냅스에서 탈린의 움직임에 따라 0과 1의 신호를 주고받는다. 이러한 사실은 우리 뇌가 실제 슈퍼 컴퓨터처럼 작동한다는 것을 알려준다.

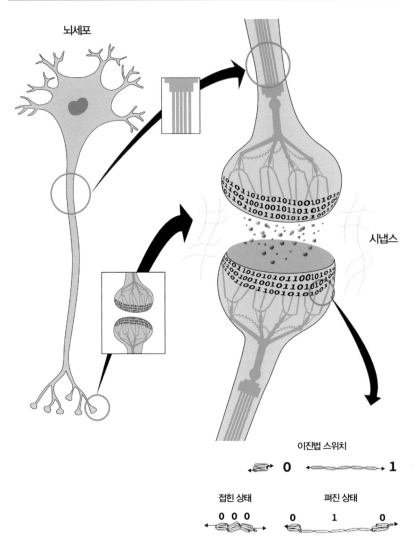

뇌세포

시냅스

이진법 스위치

0 ←——→ 1

접힌 상태 펴진 상태

0 0 0　　　0 　1 　0

| 뇌세포는 세포 간 연결 구조인 시냅스에서 수백 개의 이진법 스위치를 코딩할 수 있다. 탈린이라는
단백질은 메쉬코드(MeshCODE) 복합체를 형성하여 이진법 스위치를 만든다. 메쉬코드 복합체가 접
힌 상태가 0, 펴진 상태가 1이다.

스펙트럼 사고의 작동 방식
= 확률만이 있는 양자의 세계

그렇다면 확률적 사고인 스펙트럼 사고는 어떤 기전에서 만들어질까? 스펙트럼 사고를 통해 우리는 뇌의 다른 기전을 생각해 볼 수 있다. 바로 양자적 사고이다. 양자적 사고란 양자 역학이 적용되는 사고를 말한다.

양자는 눈에 보이지 않고 더 이상 쪼갤 수 없는 최소한의 에너지 단위이다. 양자가 받는 정보는 비트가 아닌 큐비트(qubit)라고 한다. 큐비트는 확률로 이루어진다. 하나의 큐비트가 0과 1로 나뉘지 않고 0이 될 확률과 1이 될 확률을 동시에 가지는 것이다.

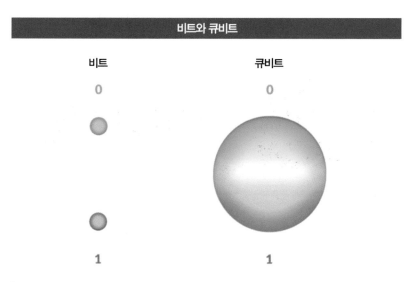

비트와 큐비트

비트   큐비트

0   0

1   1

ㅣ 비트는 0과 1의 이진법으로, 큐비트는 0과 1이 될 확률로 표현된다.

이처럼 양자가 여러 결과를 확률적으로 동시에 가지는 상태를 '양자 중첩'이라고 한다. 양자 중첩은 한 가지 조건을 가진다. 바로 양자 중첩 상태는 양자가 관측되지 않아야 유지된다는 것이다. 양자 중첩에 대해서는 유명한 사고 실험인 '슈뢰딩거의 고양이'가 있다. 쉽게 말하면 다음과 같다.

"박스 안에 있는 고양이가 1시간 뒤에 죽을 확률이 50%이다. 1시간 뒤 고양이는 죽었을까, 살았을까?"

양자 중첩을 설명하는 슈뢰딩거의 고양이 사고 실험

살았을까?

죽었을까?

| 1시간 뒤 상자 속 고양이가 죽을 확률이 50%이다. 고양이는 죽었을까, 살았을까?

결과를 보지 못했다면, 고양이는 살아 있으면서 죽어 있는 두 가지 상태가 모두 존재한다. 이것이 양자 중첩 상태이다. 양자 중첩 상태의 양자는 파동 에너지로 양자가 존재하는 확률은 파동 함수로 표현된다. 그런

데 양자가 관측되면 파동 함수는 붕괴하고 그 결과 양자의 파동 에너지가 입자로 변한다. 즉 확률적인 파동으로 존재하던 양자가 관측을 통해 입자로 변하는 것이다. 이에 대한 대표적인 실험이 바로 '이중 슬릿' 실험이다.

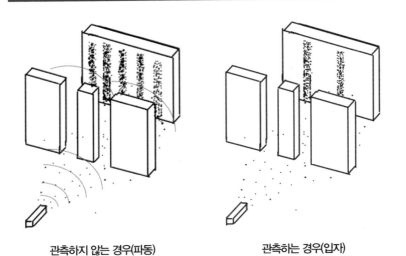

양자의 입자와 파동 이중성을 설명하는 이중 슬릿 실험

관측하지 않는 경우(파동)   관측하는 경우(입자)

'이중 슬릿 실험'은 양자인 전자가 두 개의 구멍, 즉 두 개의 슬릿을 통과해서 그려지는 모양을 보는 연구이다. 전자를 관측하지 않으면 전자는 이중 슬릿을 통과할 때 여러 개의 줄무늬를 나타낸다(왼쪽). 즉 파동의 형태를 보인다. 반면에 우리가 전자의 움직임을 관측하면 전자는 이중 슬릿을 통과했을 때 단 두 개의 줄무늬만 나타낸다(오른쪽). 바로 입자로 작용한 것이다. 이처럼 관측에 따라서 전자는 파동이 되기도 하고 입자가 되기도 한다.

중요한 것은 우리의 눈에 보이지 않는 미시 세계에서 일어나던 입자와 파동의 이중성이 눈에 보이는 거시 세계에서도 일어난다는 사실이다. 최근에는 생체 분자에서도 이러한 이중 슬릿 현상이 나타나는 것이 밝혀졌다. 2020년 오스트리아 빈대학 연구에서 '그라미시딘'이라는 생체 분자를 통해 양자의 입자와 파동의 이중성을 밝혔다. 이 말은 우리 몸의 생체 분자인 DNA나 세포, 즉 뇌에서도 이러한 양자 현상이 나타날 수 있다는 뜻이다.[3]

다양한 변수를 최적의 조합으로 맞추는 무의식의 양자적 사고를 활용하라

어떻게 하면 뇌가 양자적 사고를 하게 할 수 있을까? 바로 무의식이다. 양자적 사고가 가능하려면 우선 관측되지 않은, 확률적 상태여야 한다. 무의식은 의식이 없는 상태이다. 즉 우리가 의식적으로 뇌를 관찰하지 않는 상태이다. 우리가 잠이 든 상태에서는 뇌가 관측하지 않은 상태가 되고 이 시간에 뇌는 확률적인 양자적 사고가 가능해진다.[4]

실제로 무의식에서 양자 현상이 일어난다고 주장하는 학자들이 있다. 심리학자이자 정신과 의사인 칼 융과 미국 물리학자인 빅터 맨스필드이다. 양자 의학을 연구한 의사인 강길전 박사님도 이러한 현상을 설명한다. 이들이 주장하는 양자 현상은 뒤의 '최적의 행복' 편에서 자세히 설명하겠다. 뿐만 아니라 미래를 예측하는 뇌과학자들도 뇌가 양자 컴퓨터와 같을 수 있다고 설명한다.

무의식이 확률적인 양자적 사고를 한다는 사실은 꿈을 보면 알 수 있다. 현실은 하나의 세계를 반영하나 꿈은 무의식의 여러 소재를 다양하게 융합하여 매번 다양한 세계를 창조한다. 우리 뇌는 시냅스의 다양한 연결을 통해서 꿈속에서 새로운 장면들을 만든다. 꿈은 우리가 가진 정보들을 다양한 조합의 합, 즉 다양한 확률로 표현한다.

무의식의 양자적 사고를 활용해서 다양한 가능성을 탐색하는 것이 스펙트럼 사고이다. 확률에 의한 다양한 조합을 유연하고 통합적으로 분석하며 현재와 미래에 어떻게 영향을 미칠지를 고려한다. 무의식을 통해 인생의 다양한 변수들을 최적의 조합으로 맞춘다. 그래서 나는 20년간의 연구와 경험 끝에 무의식의 양자적 사고가 최적의 삶을 선택할 때 큰 도움을 준다는 것을 알게 되었다. 이 책을 읽으며 여러분은 다양한 스펙트럼 사고에 대해 경험할 것이다.

슈뢰딩거의 고양이

상자에는 고양이 한 마리와 청산가리가 든 유리병, 방사성 물질과 방사능 검출기, 망치가 들어 있다. 밖에서는 상자 안을 볼 수 없다. 방사성 물질의 핵이 붕괴하면 방출되는 방사능을 탐지하여 망치가 유리병을 깬다. 그러면 고양이는 청산가리를 마시고 죽게 된다.

방사성 물질의 핵이 붕괴할 확률이 1시간 뒤 50%라면, 1시간 뒤 고양이는 죽었을까, 살았을까? 우리는 상자를 열어보지 않는 상태에서는 죽었는지 살았는지 알 수 없다. 즉 관측하기 전에는 고양이가 죽거나 살아 있는 두 가지 상태가 존재하는 것이다.

이처럼 관측하지 않을 때 고양이가 죽거나 살아 있는 두 가지 가능성이 모두 존재한다는 개념이 양자 중첩이다. 반면 상자를 열면 고양이는 죽었거나 살아 있는 상태 중하나로 결정된다.

마음에서도 '슈뢰딩거의 고양이'와 같은 작용이 일어날 수 있다. 드라마를 보면 일반적으로 권선징악이나 해피엔딩으로 결말을 짓는다. 그런데 어떤 작가는 시청자의 상상력에 맡기는 열린 결말을 낸다. 주인공이 죽었거나 살아 있을 수 있다. 사랑의 결실을 이루었거나 헤어졌을 수 있다. 내용이 전부 주인공의 꿈이었거나 현실이었을 수있다. 우리는 아쉬움을 남긴 채 결말에 대해 다양한 상상을 한다.

결말을 알았다면 아쉬움과 기대가 해소되었을 것이다. 하지만 결말을 알지 못하면 다양한 가능성이 영원히 존재한다. 우리는 결과를 보지 못했으므로 마음속에 다양한 확률로서 남는다. 다양한 가능성은 무의식에 잔잔한 파동을 일으켜 우리에게 여운을 남긴다.

4

일과 쉼을 조화롭게 하라

사당오락과 워라밸, 뭐가 맞을까?

'사당오락(四當五落)'을 아는가? 4시간 자면 대학에 붙고 5시간 자면 대학에 떨어진다는 뜻이다. 잠을 줄일 정도로 일에 집중해야 겨우 성공한다는 간절한 마음이 담겨 있다. 지금도 잠을 안 자고 죽어라 일해서 성공했다는 사람들의 인생 이야기가 많이 나온다. 학생들의 공부 시간도 우리나라가 다른 OECD 국가보다 월등히 높다. 학생들의 카페인 섭취는 부모들에게 당연하게 받아들여진다. 그러나 나는 '사당오락'의 믿음으로 일을 하다가 번아웃이 왔다. 나 자신을 최대로 몰아붙이고 의지를 불태워야 한다는 생각이 마음을 지배했었다.

새로운 삶의 태도가 나타나고 있다. 실리콘 밸리에 명상 문화가 자리

잡으면서 일과 쉼의 조화가 중요시되기 시작했다. 워라밸(work and life balance)이라는 단어가 유행하면서 일과 삶의 균형을 맞추자는 문화가 생겨났다. 최근에는 놀면서 일하자는 워케이션(work + vacation)이라는 용어도 등장했다. 내가 원하는 휴양지에서 한 달 살기를 하면서 재택근무를 하는 것이다. 앞으로는 노는 것과 일의 경계가 없어지는 워플레이(work + play)도 중요해질 것이다.

'사당오락'과 '워라밸', 두 가지 상반된 삶의 태도 중 최적의 삶에 도움이 되는 건 무엇일까?
또 삶의 성공에 도움이 되는 태도는 어떤 것일까?

얼핏 보면 일의 성공을 위해서는 전자의 태도가 필요하고 건강과 행복 등 삶의 균형을 맞추는 최적의 삶을 위해서는 후자의 태도가 필요하다고 볼 수 있다. 그러나 세상의 흐름은 후자의 방향으로 가고 있다. 한국 고용 정보원이 2021년 7월에 발표한 보고서에 따르면, 20대에서 40대 초반인 MZ 세대는 직업 선택에 있어 지난 10년간 변함없이 '몸과 마음의 여유'를 최우선으로 생각한다. 일의 외적 가치인 사회적 지위보다는 내적 가치인 몸과 마음의 여유가 중요하다는 뜻이다. 즉, 개인 삶의 만족을 추구하는 직업을 더 선호하는 방향으로 변화했다. 이에는 이유가 있다.

인공 지능이 발전하는 4차 산업 시대는 창의적으로 융합하는 사고가 중요해진다. 창의 융합 사고에는 워라밸과 워케이션이 많은 도움이 된다. 이는 후자의 선택이 일의 성공과 최적의 삶을 모두 이룰 수 있다는 뜻이다.

무의식의 뇌신경 네트워크를 활용하라

뇌과학적으로 우리가 집중하고 몰입할 때의 뇌와 쉴 때의 뇌는 다르다. 실제 뇌가 활성화되는 영역에서 차이가 있다.

우리가 집중할 때는 뇌에서 중앙 집행 네트워크(central executive network)가 활성화한다. 쉴 때 활성화되는, 즉 집중하지 않은 상태에서의 뇌는 디폴트 모드 네트워크(default mode network)가 활성화된다. 디폴트 모드 네트워크는 멍을 때리거나 꿈을 꿀 때 활성화된다. 꿈을 꾸는 무의식 상태와 멍때리는 상태의 뇌신경 네트워크가 같다는 것은, 무의식의 활성화가 깨어 있을 때도 가능하다는 걸 의미한다. 이렇듯 우리는 깨어 있는 상태에서도 의식적 사고와 무의식적 사고를 동시에 활용할 수 있는데, 이를 연결하는 뇌신경 네트워크가 있다. 이를 중앙 집행 네트워크와 디폴트 모드 네트워크를 연결하는 돌출 네트워크(salience network)라 한다.

디폴트 모드 네트워크(default mode network)   중앙 집행 네트워크(central executive network)

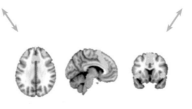

돌출 네트워크(salience network)

세 개의 네트워크가 자유자재로 연결이 잘된다면 이들의 시냅스 연결이 강화된다. 아인슈타인이나 창의적인 사람들의 뇌는 이 세 개의 네트워크 연결이 강화되어 있다. 집중하고 멍때리고, 집중하고 휴식하는 과정이 자유롭게 일어나는 것은 의식과 무의식을 자유롭게 사용한다는 의미다. 이런 뇌는 창의적이고 융합적인 사고가 발달한다.

대표적인 예가 아르키메데스의 "유레카!" 이야기이다. 아르키메데스가 부력의 원리를 떠올린 것은 치열하게 집중해서 일할 때가 아니었다. 평소에 치열하게 고민하다가 목욕탕에 누워 이완된 상태에서 갑자기 번뜩 떠오른 것이다. 즉 디폴트 모드 네트워크 상태에서 창의적인 답이 떠오른 것이다.

충분히 쉬고 창의적으로 일하라!

나는 자는 동안의 무의식을 많이 활용한다. 새벽에 깨어 자는 동안 만들어낸 무의식의 답을 이해하는 데 두세 시간을 보낸다. 그때는 잠이 아직 덜 깬 상태로 의식과 무의식의 중간쯤 되어 뇌가 유연하게 활성화된다. 내가 왜 무의식적으로 그런 생각을 했는지 이해할 수 있는 시간이다. 나는 무의식과 의식을 통합시키는 연습을 하면서 이들의 연결이 강화되었다. 최적화된 답을 찾아내는 연습과 동시에 창의 융합적 사고를 발달시키는 데 큰 도움이 됐다.

사람에 따라 이완하고 집중하며 유연하게 사고하는 방법이 다르다. 누군가는 요가와 명상을 하면서 몸과 마음을 이완하다가 깨달음을 얻는다. 어떤 사람은 편안하게 무념무상의 상태로 걸으면서 창의적인 아이디어가 나온다고 한다.

휴가지에서 재택근무를 하는 워케이션도 창의적인 업무에 도움이 된다. 쉬면서 일을 하므로 창의적이고 유연한 사고를 할 수 있다. 나는 리조트 내 클리닉을 운영하면서 점심시간에 바닷가를 산책하곤 했는데, 이런 시간들이 스트레스를 줄이고 뇌를 이완하는 데 많은 도움이 되었다.

충분한 수면, 충분한 휴식, 충분한 놀이와 일이 조화를 이루면 창의 융합적 사고가 발달한다. 뇌신경 네트워크의 연결이 강화되고 의식과 무의식이 조화롭게 연결되어 최적의 삶을 이루는 데 큰 도움이 된다.

여러분만의 디폴트 모드 네트워크를 활성화하는 방법을 찾아 실천해
보라.

5

최적의 답을 찾아라

한 달 넘게 고민하고 왜
하룻밤 만에 선택을 바꿀까?

'드디어 내 차를 사다니, 정말 기대된다. 어떤 차가 좋을까?'

그는 드디어 차를 살 때가 되었다고 생각했다. 이번에 연봉도 올랐고 모아놓은 돈도 있으니 차를 사기에 적당한 시기이다. 첫 차라 한껏 기대하며 그동안 눈여겨보았던 차들을 다시금 꼼꼼히 살펴보았다. 그중 마음에 드는 차는 세 대였다.

A차는 가격도 합리적이고 연비도 좋았다. 출장이 잦고 고속도로 탈 일도 많아 연비가 좋고 튼튼한 차가 좋을 것 같다. B차는 전기차로 추진력이 강하고 조용해서 좋다. 친환경을 생각하면 앞으로는 전기차가 대세가

될 듯하다. C차는 가격이 약간 비싸지만 선호하는 브랜드이고 디자인과 색이 마음에 든다.

그는 한참을 고민한 결과 A차를 사기로 하였다. 그는 아직 젊고 활동적이니 차를 부담 없이 편하게 쓸 수 있으면 좋겠다고 생각했다. 가격대도 마음에 들었다. 다음 날 계약하러 가기로 하고 잠에 들었다. 그런데 아침에 자고 일어나 눈을 뜨니 마음속에서 떠오른 생각은 달랐다. 이성적으로는 이해가 되지 않았으나 왠지 그래야 할 듯했다.

그는 8년이 지난 지금까지도 C차를 타고 있다. 지금 돌아보면 여러 가지 이유로 잘 샀다는 것을 알겠다. A차를 샀으면 3년에서 5년 사이에 바꿨을 것이다. 그때는 깨닫지 못했지만 지금 C차를 오래 타다 보니 편안함과 안정성이 느껴져 만족스럽다.

그는 브랜드, 기능, 디자인, 색깔, 가격, 연비 등 각종 요인을 고려하면서 하나하나 비교하고 며칠을 고민해서 결국 논리적인 답을 통해 A를 선택했는데, 자고 일어나니 왠지 C가 사고 싶었다. 그 이유를 설명할 수 없지만 강력한 끌림 때문에 결국 C를 산다.

이를 직관적 선택이라고 한다. 이러한 직관적 선택은 무의식에서 온 것이며, 무의식은 우리가 생각하지 못한 많은 변수, 특히 무의식적 욕구를 포함한 변수를 모두 처리하여 답을 준 것이기 때문에 더 강력하다.

이는 쇼핑에만 적용되는 것이 아니다. 배우자를 찾을 때, 중요한 시기에 직장을 바꿀 때 등등 우리 인생에서 중요한 결정을 내릴 때 무의식은 우리가 의식적으로 깨닫지 못하는 수많은 변수를 고려한다.

이렇게 수많은 변수를 의식의 뇌는 계산해내지 못한다. "그 사람과 왜 결혼했어?", "직장을 왜 그만두었어?"라는 질문에 명확한 답을 할 수 없는 경우가 많다. 무의식의 뇌가 많은 변수를 고려하여 답을 냈기 때문이다.

무의식의 뇌는 육체와 연결되어 실시간으로 지속적인 생체 정보를 받고 있으며, 영혼과도 연결되어 있다. 세상의 양자 에너지와 끊임없이 정보를 소통한다. 이 모든 가능성을 확률로 계산하고 원하는 목적에 맞게 최적화된 빠른 답을 찾아낸다.

무의식을 양자 컴퓨터처럼 활용하라

최적의 삶을 위한 마지막 개념은 이런 무의식을 양자 컴퓨터처럼 활용하는 것이다.

최근 일론 머스크가 세운 회사인 뉴럴 링크는 미국 FDA로부터 인간의 뇌에 컴퓨터 칩을 심는 시험을 승인받았다. 스위스에서는 척추 손상으로 하지 마비가 온 환자에 컴퓨터를 연결하자 두 다리로 일어설 수 있게 되었다. 그는 실제 걸을 수 있게 되었다.[6]

이런 기적 같은 일들은 인간의 뇌와 컴퓨터가 연결되었다는 것에서 중요한 의미를 지닌다. 한마디로 인간의 뇌와 컴퓨터가 상호 호환이 가능해지는 것이다. 이것은 인간의 뇌와 컴퓨터가 서로 연결이 가능하고 그 기전도 통한다는 것을 의미한다.

앞에서 이야기했듯 인간의 뇌는 슈퍼 컴퓨터 같은 이분법적 사고를 하지만, 무의식은 확률적 사고인 양자적 사고를 할 수 있다. 이는 무의식이 양자 컴퓨터처럼 작동할 가능성을 시사한다. 우리가 무의식을 잘 활용하면 뇌를 양자 컴퓨터처럼 활용할 수 있다는 뜻이다.

인공 지능이 발전하면서 뇌의 진화도 필수적인 요소가 되었다. 의식과 무의식을 조화롭게 활용하는 뇌는 슈퍼 컴퓨터와 양자 컴퓨터를 지닌 인공 지능처럼 진화할 수 있다. 그렇다면 무의식이 양자 컴퓨터처럼 작동한다면 어떤 효과가 있을까?

양자 컴퓨터의 특징

1) 기하급수적인 연산 속도

양자 컴퓨터가 슈퍼 컴퓨터와 어떻게 다른지 알아보자. 먼저 앞에서 말했듯 데이터 정보의 종류가 다르다. 슈퍼 컴퓨터는 비트가 0과 1 둘 중 하나의 정보만 가지나 양자 컴퓨터는 하나의 큐비트에 0과 1이 동시에 존재한다.

양자의 또 다른 특성은 얽힘이다. 얽힘은 두 전자가 아무리 멀리 떨어져 있어도 확률 결과에 서로 영향을 미치는 것이다. 얽힘 현상은 두 큐비트 사이의 확률이 상호작용해서 연결된다는 걸 의미한다.

양자 컴퓨터는 양자의 중첩과 얽힘 현상을 활용하여 큐비트에서 확률적인 계산을 할 수 있고 그 답이 확률로서 나타난다. 만약 두 개의 큐비트가 0과 1로 표시될 가능성을 생각하면 00, 01, 10, 11 이렇게 네 가지 경우의 수가 나온다. 이처럼 여러 비트가 얽히면 표현되는 정보량이 2의 제곱수로 늘어난다.

슈퍼 컴퓨터와 양자 컴퓨터의 정보 처리 방식과 연산 속도의 차이		
슈퍼 컴퓨터		양자 컴퓨터
Bit	처리 단위	Qubit
0과 1 중 하나를 비트라는 정보 단위로 인식해 연산, 2비트면 00, 01, 10, 11 중 한 가지 정보만 처리함	연산	0과 1이 동시에 존재하는 양자 상태의 큐비트로 연산, 2큐비트면 00, 01, 10, 11 동시 존재
N개	연산 속도	2^N개

예를 들어 20비트로 계산한다면 일반 컴퓨터는 한 번에 한 개의 패턴을 표현하므로 2의 20승 = 1,048,576회, 약 백만 회의 입력과 계산이 필요하다. 반면 큐비트는 20비트 1회 입력에 2의 20승을 동시에 표현하여 계산한다. 그 결과 양자 컴퓨터는 반도체의 큐비트가 늘어날수록 연산 속도가 기하급수적으로 커진다. 무의식이 양자 컴퓨터의 원리와 같다면 100조 개의 시냅스를 가진 뇌는 수많은 경우의 수를 동시에 계산한다는 뜻으로 무의식의 뇌의 성능은 무한하다.

2) 조합 최적화 문제 해결

양자 컴퓨터는 조합 최적화 문제에 아주 적합하다. 조합 최적화 문제란 여러 가지 경우의 수가 있을 때 가장 최적화된 방법이 무엇인지를 찾는 것이다.

택배 기사의 최단 거리 조합을 찾는 문제가 있다. 택배 기사가 다섯 장소에 택배를 배달해야 한다고 생각해보자. 이 다섯 군데를 경유하는 가장 최적의 경로는 무엇일까? 이 다섯 군데를 갈 수 있는 경우의 수는 5*4*3*2*1 = 120가지이다. 슈퍼 컴퓨터는 이 120가지의 경우의 수를 모두 계산한다. 각각 모든 거리를 계산한 다음에 그중 가장 짧은 최단 거리를 찾는 방식으로 계산한다.

조합 최적화 문제의 예

택배 기사가 방문해야 할 방문지가 여러 곳일 때, 어떤 경로로 이동해야
최단 거리가 되는가?

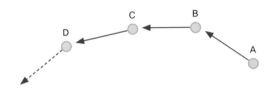

방문지 수	경로에 대한 경우의 수	계산 시간*
5	120	1.2×10^{-14}초
10	360만	3.6×10^{-10}초
15	1조 3000억	0.00013초
25	1.6×10^{25}	49년
30	2.7×10^{32}	8.4억년
⋮	⋮	⋮

▌ 슈퍼 컴퓨터 '경'을 사용하여 1초에 1경(10의 16제곱) 번 계산하는 경우로 각 경로를 완전 탐색 방식으
로 찾는다.

예시에서는 다섯 군데였지만, 현실에서 이 택배를 보내야 할 장소가
10개, 30개로 늘어나게 되면 계산해야 할 경우의 수는 기하급수적으로 늘
어난다. 방문지 수가 10개로 늘면 360만 가지 수를 탐색해야 하고, 30개
로 늘면 슈퍼 컴퓨터가 계산했을 때 8.4억 년이 걸린다.

하지만 양자 컴퓨터는 그렇지 않다. 양자 컴퓨터는 다른 방식으로 굉장히 빠르게 답을 찾아낸다. 양자 컴퓨터는 가장 최적화된 한 가지 답을 한 번에 찾는다.[8] 그러므로 슈퍼 컴퓨터에 비해서 양자 컴퓨터는 획기적으로 시간을 단축한다.

인생의 선택에는 수많은 변수가 있다. 많은 변수를 고려해야 하는 선택에 양자 컴퓨터 같은 무의식을 활용한다면 최적화된 답을 한 번에 찾을 수 있다.

양자 컴퓨터처럼 엄청난 연산 속도와 조합 최적화 방식을 가진 뇌의 무의식을 어떻게 활용하는가는 이제 우리에게 달렸다.

무의식은 언제나 내게 최적의 답을 주었다!

무의식을 통해 양자 컴퓨터처럼 최적화된 답을 찾는 건 간단하다. 의식적 사고에서는 뇌가 슈퍼 컴퓨터처럼 작용한다. 무의식 상태가 되려면 결국 우리의 뇌를 관측하지 않으면 된다. 그러면 어떻게 해야 할까? 바로 자는 것이다.

그러나 자기 전에 우리는 뇌에 명령어를 줘야 한다. 즉 질문을 하는 것이다. '좋은 차를 사려면 어떻게 해야 할까?' 여러 정보를 취합해서 고민해본다. 가능한 많은 데이터를 뇌에 입력하는 것이다. 그러다가 답이 안

나오면 잠을 잔다. 자고 일어나면 무의식이 최적화된 답을 찾아줄 것이다. 자고 일어났는데 왠지 C인 것 같다는 답이 나오면 그게 최적화된 답이다. 그러나 무의식이 답을 찾는 데 시간을 더 주어야 할 상황도 있다. 어려운 질문일 때 특히 그러하다.

아인슈타인 같은 물리학자나 아르키메데스 같은 수학자들은 어려운 문제를 풀 때 몰입해서 오랫동안 골똘히 생각하다가 문득 반짝하는 아이디어가 나오며 답을 찾았다고 한다. 무의식이 수많은 변수와 정보를 분석하고 창의적 연결을 통해 새로운 방법으로 답을 찾는 데는 시간이 필요하다.

나도 무의식을 활용해서 최적화된 답을 찾는 과정을 오랫동안 해왔다. 해결되지 않아 스트레스를 주는 문제도 자고 일어나면 답이 딱 떠오르는 경우가 있다. 여러분도 경험했을 것이다. 어려워서 해결되지 않는 문제들은 무의식이 답을 줄 때까지 몇 날 며칠을 기다린다. 몇 달이 걸릴 수도 있다. 어느 순간 깨달음이 오는데, 그때 알게 된다.

"이것이 최적화된 답이로구나!"

그 답은 최고, 최상이 아닌 최적의 답이다. 현실적인 한계 또는 미래의 가능성, 그리고 과거부터 가지고 있던 성격적인 제약을 다 고려한 것이다. 현실적인 상황과 주변 사람들과의 관계, 그리고 건강과 같은 많은 변수를 고려한 최적의 답이다. 나에게 무리를 주는 최고의 답을 주지 않는다. 그러므로 현명한 판단을 하게 된다. 최적화된 답을 받아들이고 따르면 순리를 이해하게 된다. 지금 만족하지 못하더라도 결국에는 좋게 돌아온다는 믿음이 생긴다.

그래서 나는 그 답을 따라 항상 중요한 인생의 문제를 결정하곤 했다. 결과는 항상 만족스러웠다. 언제나 마음 깊이 자리하고 있던 내가 가장 원하는 것을 찾아주었기 때문이다. 나는 이제 섣불리 의식적인 판단을 하지 않는다.

무의식에서 최적화된 답을 찾는 법
– 입력하고 기다려라

최적화된 답은 바로 양자 컴퓨터 같은 무의식에서 찾을 수 있다. 의식의 수준에서 관찰하고 탐색하여 얻은 지식과 정보, 논리적으로 사고한 내용들을 무의식에 질문하여 얻은 최적화된 답과 연결하여 통합적으로 사고하는 방식은 최적화된 삶에 유용하다.

양자 컴퓨터와 같은 무의식을 활용해서 최적화된 답을 찾는 법을 정리했다. 이 방법은 책을 다 읽고 나서 다시 한번 읽어보면 이해가 더 쉬울 것이다.

1. 무의식을 맑게 하라.

우리의 무의식은 과거의 부정적 기억으로 많이 덮여 있다. 무의식을 자유롭게 활용하는 공간을 충분히 늘리기 위해 '최적의 행복' 편을 활용하여 무의식을 맑게 하라.

2. 순수하고 본질적인 삶의 목적을 찾는다.

자신의 미래를 상상하며 최적의 삶을 위한 인생의 목적을 찾는다. '최적의 인간' 편까지 읽고 나면 떠오르는 생각들이 있을 것이다. 삶의 목적은 깊이 고민할수록 명확하고 뚜렷해진다. 삶의 목적이 명확할수록 무의식이 만들어내는 최적화된 답의 결과가 뛰어나다.

3. 무의식의 뇌에 중요한 질문을 하고 답을 기다려라.

무의식에 어떤 질문을 하느냐가 핵심 단계이다. 최적의 삶을 찾기 위한 질문이 중요하다. 특히 왜라는 질문을 많이 하면 본질에 접근한다.

질문하면 의식적으로 답하는 걸 미루어라. 명확한 답이 무의식에서 나올 때까지 기다린다. 마음속에 편안하지 않은 느낌이 들면 무의식이 답을 내지 않은 것이다. 답을 서두르지 마라.

4. 무의식의 답을 받는다.

아침에 바로 일어나지 말고 무의식이 무슨 답을 주었는지 생각해보라. 무의식을 들여다보면 답을 낸 이유에 더 깊게 접근하고, 답을 창의적으로 활용할 수 있다.

이러한 습관이 계속되면 의식과 무의식의 연결이 발달한다. 일상적으로 의식의 뇌를 사용할 때도 무의식의 뇌가 가동된다. 둘이 함께 발현되면 융합이 쉽게 일어나고 창의적인 아이디어가 훨씬 다양하게 발현된다.

깊은 무의식은 개인의 무의식뿐 아니라 집단의 무의식과도 연결되므로 다른 사람들 또는 세상과 연결되어 있다는 느낌을 받는다. 또한 미래에 대한 예측과 시대 흐름을 잘 읽게 된다.

지금도 발전하는 양자 컴퓨터

2019년 공개한 구글의 양자 컴퓨터 '시커모어'는 기존 슈퍼 컴퓨터가 1만 년 걸쳐 수행하는 계산을 200초 안에 수행하며 양자 우위를 달성했다.

2019년 구글 양자 컴퓨터인 시커모어가 53큐비트였다. 50큐비트면 슈퍼 컴퓨터의 메모리 수준이며 60큐비트면 슈퍼 컴퓨터 성능의 1,000배이다. IBM은 2022년 433큐비트의 '오스프리'를 출시했고, 2023년에는 1,121큐비트의 '콘도르'를 출시한다고 밝혔다.

최적의 삶이란
각자가 마음속에 그리는,
자신에게 가장 잘 맞는 삶이다.
무의식으로 가는 문을 열어
최적의 삶으로 향하는 새로운 세상을
기쁘게 맞이하길 기대한다.

PART 2

OPTIMAL

---◆---

최적의 건강을
찾아라

HEALTH

최적의 건강 스펙트럼을 설정하라

증상은 있는데 병은 없는 사람들
- 그들은 과연 건강한가?

당신은 건강한가? 얼마나 건강한가?

건강도 이분법과 스펙트럼의 관점으로 바라볼 수 있다. 우리가 '건강하다'라는 것은 대부분 '병이 없다'는 뜻이다. 즉 건강을 병에 걸린 상태와 건강한 상태로 나누어 이분법적으로 사고한 것이다. 이 기준은 사회적으로 중요하다. 왜냐하면 이것이 확장되어 우리가 병원에서 치료받는가 마는가 기준이 되기 때문이다.

현대 의학인 전문의 제도에서는 환자들의 증상을 살피고 이것이 질병인지 아닌지를 구분한다. 질병으로 진단되어야 그에 합당한 치료 방법이 있기 때문이다. 의사는 질병이 아닌 진단을 명확히 할 수 없는 증상들에 대해서는 '기능성' 또는 '스트레스성'이라고 설명하며 스트레스를 줄이고 생활 습관을 교정하라는 권고를 한다.

내가 대학 병원의 가정의학과 전공의로 지내던 시절의 일이다. 환자가 너무 무기력하고 기운이 없어 내원하였다. 평소와 다르게 계속 누워만 있고 일상생활을 하기 힘들다고 하였다. 어딘가 몸에 이상이 있는 것 같아 걱정된다고 하였다. 이 환자는 전신 무기력증(general weakness)이라는 증상으로 입원하였다.

전신 무기력증은 어떤 장기의 문제라고 볼 수 없으므로 원인을 찾기 위해 여러 검사를 한다. 혹시 숨겨진 암은 없는지, 호르몬 질환은 없는지, 감염이나 자가면역 질환은 아닌지를 알기 위해 전신 검사를 한다. 혈액 검사, CT, MRI, 내시경, 초음파 등 모든 검사를 마치고 나온 결과 전신 무기력증의 원인이 될 만한 것은 나오지 않았다. 대신 검사상 나온 수치를 바탕으로 고지혈증약과 혈압약, 기타 여러 약들을 처방했다.

몸과 마음의 증상이 있을 때 가장 많이 드는 생각이 '내가 무슨 병이 있나?'이다. 두통이 있으면 뇌졸중의 신호가 아닌지, 속이 쓰리면 위암은 아닌지, 기억력이 떨어지면 치매가 아닌지 걱정한다. 병원에 가는 이유 중 하나는 병이 있는지 확인하는 것이다. 병원에서 여러 검사를 하고 '병이 아닙니다.'라고 하면 안심하는 경우가 많다. 증상은 남아 있지만 마음의 위안이 된다.

증상은 병의 스펙트럼이다

하지만 병은 하루아침에 생기는 게 아니다. 눈에 보이지 않는 세포의 기능 이상이 수년간 쌓여야 병으로 나타난다. 이러한 기능 이상은 여러 증상으로 나타난다. 지속적인 피로감, 무기력감, 두통, 만성 변비, 면역력 저하, 우울과 불안, 수면 장애 등이다.

질병이 발생한 사람과 증상만 호소하는 사람 중 인구 중에 더 많은 분포를 차지하는 집단은 어디일까? 당연히 증상만 호소하는 사람들이다. 증상이 심하게 진행된 사람들에게서 질병이 발생하기 때문이다. 질병이 있을 때 나타나는 증상을 전형적인 증상이라고 하면 질병 없이 증상만 호소하는 이들은 비전형적인 증상을 가진다. 질병 중심의 치료는 비전형적인 증상을 가진 환자들을 위한 대처 방안이 없다. 이들은 여러 전문과를 찾아다니나 답을 찾지 못하니 치료받을 길이 없다.

이들은 가벼운 한두 개의 증상을 가지기도 하나 대부분 전신의 다양한 증상이 함께 나타난다. 해부학적으로 또는 기능적으로 설명할 수 없는 증상들도 많이 호소한다. 이들의 증상은 세포의 기능 이상과 함께 심리적 문제가 무의식에서 발현된 복합적인 증상이다.

이 경우 심리 상담이 동반된다. 생활 습관을 교정해야 할 때는 인지 치료가 필요하고, 무의식의 깊이 있는 문제를 꺼내야 할 때도 있다. 중요한 것은 이들의 증상은 정신 질환이 아니기 때문에 정신과와는 다른 형태의 상담이 필요하다는 것이다.

이들이 우울하거나 불안해하더라도 정신과 약을 먹을 정도의 우울증과 불안증이 아니다. 그러나 이러한 감정의 변화는 면역력 저하와 불면증, 만성 통증에 지속적인 영향을 미친다. 우울과 불안의 원인은 다양하다. 이를 해결하기 위한 상담이 필요하다.

생명력을 높게 유지하고 최적의 건강을 지켜라

평균 수명이 늘어나면서 사람들은 단순히 수명을 늘리기보다 아프지 않고 건강하게 살기를 바라게 되었다. 즉 '건강 수명'이 길어지길 바라는 것이다. 건강 수명을 늘리기 위해서는 현재의 건강에 비추어 미래의 건강을 스펙트럼의 관점으로 예측해볼 필요가 있다.

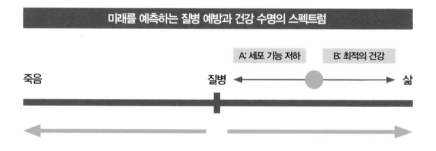

양 끝을 하나는 죽음, 반대쪽은 삶(병이 없는 최적의 건강 상태)으로 놓고, 가운데를 질병이 생기는 시점으로 본다. 그리고 내가 지금 병이 없는

상태라고 본다면, 나는 현재 삶과 질병의 사이에 있는 것이다. 그렇다면 내가 이중 어디에 속하는지 위치를 찾아볼 수 있다.

지금 당장 병이 없어 건강하더라도 시간이 지날수록 점점 더 질병과 죽음에 가까워진다면 미래에 병으로 죽을 확률이 높아지는 것이고(A: 세포 기능 저하), 최적의 건강 상태를 유지하고 있다면 미래에는 건강할 확률이 높아진다(B: 최적의 건강). 이것이 질병 예방과 건강 수명의 스펙트럼이다.

여러분이 현재 질병이 없더라도 세포 기능이 저하된 증상들이 나타나 건강이 염려되는 시기가 길어진다면 미래에 질병이 발생할 가능성이 높다(A). 건강 수명을 늘리기 위해서는 질병이 없는 지금의 건강 상태를 훨씬 더 활력과 면역력이 높은 상태로 유지할 필요가 있다(B).

최적의 건강은 생명력을 지속시켜나가는 과정이다. 질병 예방과 건강 수명의 스펙트럼에서 건강 수명을 늘리는 방향으로 확률을 높이는 과정이다. 미래의 건강 수명 예측은 현재 나의 건강 상태를 점검하는 것에서 시작한다.

최적의 건강 조절자들을 활용하라

– 뇌, DNA, 미토콘드리아

최적의 건강은 세포와 장기의 기능을 평가하고 균형을 맞추는 데 있다. 우리 몸의 세포와 장기는 생명 정보를 주고받는다. 전체적인 조절자는 세포의 DNA와 미토콘드리아, 그리고 뇌이다. 최적의 건강을 위한 뇌와 미토콘드리아, DNA의 관계를 알아보자.

세포와 뇌는 몸의 균형을 유지하는데 이를 항상성이라고 한다. 이들은 자율 신경과 호르몬, 양자 에너지로 생명 정보를 주고받는다. 무의식적인 생명 정보는 우리에게 생존과 진화를 위한 메시지를 보낸다.

세포의 DNA는 유전 정보를 가지고 있어 건강에 필요한 유전자를 발현한다. 세포의 미토콘드리아는 에너지를 생산하여 생명력에 관여한다. DNA와 미토콘드리아는 항상성에 필요한 생명 정보를 주고받으며 인간의 건강 수명을 결정한다.

뇌는 크게 세 부위로 되어 있다.

대뇌: 인지적 정보를 처리한다.
변연계: 감정을 조절한다.
뇌간: 생존을 위한 항상성을 조절한다.

뇌의 가장 깊숙한 곳에 있는 뇌간은 몸과 마음을 연결한다. 뇌간은 생명 정보를 받아 자율 신경계와 호르몬으로 몸과 마음을 조절한다. 최적의 건강을 위한 메시지는 엄밀히 말하면 뇌간에서 오는 것이다. 최적의 행복, 최적의 관계를 위한 메시지는 감정을 조절하는 변연계로부터 온다. 대뇌는 이를 통합하여 자아실현을 할 수 있도록 하며 최적의 인간을 향한다.

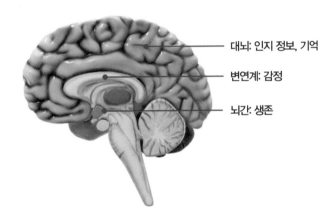

최적의 건강을 위한 조절자들: 뇌, DNA, 미토콘드리아

대뇌: 인지 정보, 기억
변연계: 감정
뇌간: 생존

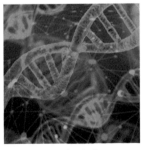
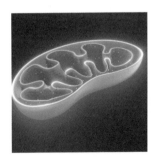

DNA(보존성)　　　　미토콘드리아(항상성)

최적의 건강을 위해 무의식의 생명 정보를 이해하는 게 중요하다. 자율 신경, 호르몬, 미토콘드리아는 항상성을 유지하고 생명력을 높인다. 이들을 잘 관리하면 최적의 건강을 유지할 수 있다.

또한 최적의 건강은 육체적, 심리적, 사회적, 영적으로 삶의 질이 높은 상태를 유지하는 것을 목표로 한다. 왜냐하면 삶의 질을 높이는 여러 요인이 건강 수명에 많은 영향을 미치기 때문이다. 최적의 건강을 위해서는 결국 최적의 삶을 추구해야 한다. 그리고 역으로 최적의 삶이란 최적의 건강, 최적의 행복, 최적의 인간관계, 최적의 인간성을 모두 이룬 것이다.

당신이 완전무결하게 건강하다고 믿는가? 당신은 현재 삶과 질병 사이에 있을 확률이 높다. 방심하지 말고 질병 쪽의 스펙트럼으로 가지 않도록 계속해서 생명력이 높은 상태로 유지하도록 노력하라. 최적의 건강 스펙트럼을 설정하여 질병을 예방하고 건강 수명을 늘리자.

스펙트럼 사고는 병을 예방할 수 있게 한다

나는 정신과 전공의와 가정의학과 전공의 때 병은 없지만 몸과 마음의 기능이 저하된 환자들에 관심이 많았다. 전문의가 되고 나서 이러한 환자들을 위한 치료가 있음을 알게 되었다. 세포의 기능을 검사하여 원인을 찾고 항산화 영양 치료와 함께 생활습관을 교정하는 통합의학이었다.

이는 노화와 질병이 생기기 전, 예방적 치료라고 하여 예방의학이라고도 한다. 유전자 검사를 통해 질병의 위험을 예측하고 미리 관리하는 맞춤 치료로써 정밀의학이라고도 한다. 이후 10년간 이러한 비전형적인 증상을 가진 환자들을 치료해왔다.

40대 여성이 갱년기가 되면서 감정 기복이 심해졌다. 평상시보다 우울감을 자주 느꼈고, 작은 일에도 쉽게 감정이 예민해졌다. 앞으로 해야 할 일들에 대해 자신감을 잃었고, 불안을 느끼기 시작했다. 의욕이 떨어지고 피로감을 쉽게 느꼈다.

나는 그녀의 건강 상태를 평가하고, 육체적 원인이 우울 증상을 유발하는 경우가 있다는 것을 알려주었다. 만성 피로와 뇌세포 기능 저하, 만성 염증, 그리고 호르몬 문제가 우울 증상과 관련이 있었다. 먼저 세포의 기능을 평가하고 호르몬 조절과 함께 항산화 영양 치료를 시작했다. 호르몬의 균형을 맞추고 몸에 에너지가 생기자 마음도 점차 편안해졌다. 그러나 삶의 의욕이 떨어지고 우울해지는 감정은 아직 남아 있었다.

그녀의 우울감에는 심리적 원인도 있었다. 그녀의 과거를 살펴보자 과거에 있었던 일로 인한 트라우마가 그녀의 증상을 악화시킨 것 같았다. 또한 그녀는 현재 발생하는 스트레스와 인간관계의 문제도 겪고 있었다.

나는 그녀에게 자기 자신을 바라보는 방식에 대해 언급했다. 자존감 저하와 같은 성격적인 문제가 우울감의 원인이 될 수 있다는 것을 알려주었다. 이것은 그녀의 성격적인 한계를 극복하고, 과거의 상처를 치유하기 위한 과정이었다.

갱년기에는 안면 홍조나 땀나는 증상만 나타날 수도 있지만 일상적인 활동을 할 수 없을 정도로 심한 증상을 겪을 수도 있다. 이처럼 갱년기 증상은 다양한 스펙트럼이 존재한다.

갱년기는 여성 호르몬이 중단되어 세포 기능에 크게 영향을 미친다. 평소 세포 기능 저하가 많이 진행된 사람은 갱년기 증상이 일상생활에 지장을 줄 정도로 커진다. 세포 기능을 회복하고 심리적 문제를 해결하는 건 증상 호전과 함께 갱년기 후 다가올 질병 예방에도 중요하다.

여성 호르몬이 부족해지면 복부 비만과 내장 지방이 늘어나고 당뇨, 고지혈증, 고혈압, 관절염의 위험이 증가한다. 혈관과 세포 기능이 약해져 동맥 경화와 심근 경색, 뇌졸중, 암, 치매, 골다공증 위험도 증가한다. 피부 노화와 탈모, 비만으로 외모에 대한 자신감이 떨어지고 사회적으로 위축되고 우울증도 증가한다. 여성 호르몬 하나의 부족으로 질병을 막는 둑이 무너지게 된다.

갱년기 이전에 건강을 잘 관리했던 사람은 여성 호르몬이 감소한다고 질병이 생기지 않는다. 그러나 세포 기능이 저하된 사람은 무너진 둑에 의해 질병에 훨씬 더 취약해진다. 이처럼 증상을 질병의 스펙트럼으로 본다면 미래에 질병이 생길 확률을 예측할 수 있다.

2

경쟁 모드를 상생 모드로 전환하라

제어할 수 없는 자율 신경,
무의식에서 바로잡아라

"아침에 조깅하러 밖으로 나왔다. 오늘은 날씨가 화창해 달리기가 그만이다. 집 앞 수변 공원에 푸르른 나무와 호수가 유난히 반짝인다. 공원을 따라 두 바퀴를 뛰고 나니 심장 박동이 빨라지고 숨이 차서 천천히 걷는다."

우리가 일상생활을 하는 동안 뇌는 부지런히 바쁘게 움직인다. 오늘 날씨가 조깅하기에 알맞은지, 어떤 코스로 뛰면 좋은지 결정한다. 공원을 따라 뛰는 동안 우리의 감각 신경은 뇌에 뛰어야 할 방향을 알려준다. 운동 신경은 이러한 입력값에 맞게 근육과 관절을 움직인다.

이러한 일들은 우리의 의식 속에서 일어난다. 우리는 이 모든 과정을 의식적으로 조절할 수 있다. 그러나 우리가 의식할 수 없는 영역에서 일어나는 일들이 있다. 바로 심장이 뛰고 호흡하는 일들이다. 이러한 일은 자율 신경이 담당하고 있다.

우리가 자는 동안, 즉 무의식 상태에서도 생명을 유지하기 위해 활동하는 장기와 세포들은 자율 신경에 의해 조절된다. 자율 신경은 생존 본능과 밀접한 관련이 있다. 자율 신경은 세포가 생존과 진화를 위해 유전자가 발현되고 에너지를 생산하는 과정에도 깊게 관여한다.

만약 자율 신경의 균형이 깨지면 어떻게 될까? 자율 신경의 균형이 깨지면 당연히 생존의 위협을 받는다. 세포나 장기에 질병이 생기고 죽음의 위협을 겪게 된다. 우리는 이를 의식적으로 조절할 수 없는데 어떻게 해야 할까?

결국 자율 신경의 균형이 깨지는 원인을 찾고 해결하는 과정은 무의식에서 이루어져야 한다. 무의식 속에서 근본적인 문제를 바로잡지 않으면 치료가 어렵다. 우리가 무의식적으로 형성된 세상을 바라보는 가치관, 성격, 습관 등이 그 원인이다.

한 30대 여성은 완벽주의를 가지고 있다. 일을 완벽하게 해내지 않으면 불안하다. 완벽하지 않으면 실패할 거라는 두려움에 휩싸인다. 그래서 항상 자신을 심하게 몰아붙인다. 그녀는 새벽에 일어나 정성껏 남편에게 아침을 차려주고, 세 살 딸의 아침밥을 먹이고 설거지와 집 정리를

다 마친 후 어린이집에 데려다준다. 출근해서도 항상 완벽한 일 처리로 주변의 부러움을 산다. 집에 돌아오면 저녁 식사와 집안일을 마치고 밤 늦게 잠이 든다.

최근에는 이러한 생활에 균열이 가기 시작했다. 아버지가 지병으로 쓰러지셨기 때문이다. 결국 아버지는 돌아가시게 되었고, 그녀는 큰 충격을 받았다. 그녀는 한동안 잠을 깊게 자지 못했다. 식사도 잘 하지 못했다. 밤에 잠을 설친 탓에 피로감을 심하게 느꼈다. 커피를 여러 잔 마셔도 소용이 없었다. 그러나 그녀는 빡빡한 일정을 조절하지 않았다. 스스로 용납할 수 없었다. 그렇게 몇 달이 지나 알 수 없는 증상이 나타나기 시작했다.

첫 번째 증상은 어지러움이었다. 머리가 핑 도는 느낌이 앉았다 일어설 때 심해졌다. 지난번에는 의식을 잃고 쓰러지기도 했다. 얼마 지나지 않아 답답하고 숨이 막히고 가슴이 조이는 증상이 나타났다. 손발이 차고 저렸다. 가장 문제는 피부의 가려움증과 습진이었다. 피부 전신에 가렵고 원인을 알 수 없는 습진이 생겨서 그 고통이 너무 심했다. 그녀는 병원에서 가려움을 줄이는 항히스타민제를 처방받았다. 그러나 증상은 쉽게 나아지지 않았다.

이 여성은 완벽주의 성향이 있어 몸은 항상 과도한 스트레스 상태였다. 그녀의 평소 건강은 눈에 보이지 않았으나 위기 전 단계였다. 아버지가 돌아가시면서 받은 큰 스트레스는 위태했던 그녀의 건강을 도미노처럼 넘어뜨렸다.

그녀가 느낀 어지럼증의 원인은 기립성 저혈압이었고, 호흡 곤란, 가슴 통증, 손발 저림, 가려움증, 습진들은 모두 자율 신경의 균형이 깨지면서 생긴 문제들이었다. 이러한 증상들은 단순히 며칠 쉬거나 스트레스를 줄이라는 조언으로 사라지지 않는다. 증상은 약으로도 치료되지 않는다.

결국 무의식을 들여다보아야 한다. 힘들어도 마음 편하게 쉬지 못하는 이유, 완벽하지 않으면 불안한 이유를 근본적으로 찾고 해결해야 모든 증상이 사라지게 된다. 자율 신경이 본래의 균형을 찾게 된다. 그렇지 않으면 이러한 증상들은 평생 반복된다.

만약에 그녀가 이러한 삶의 방식을 포기하지 못하고 증상의 호전과 악화를 반복했다고 하자. 그 사이 지속적인 스트레스를 받게 되면 무슨 일이 생길까?

최악의 경우 중 하나는 암이 발생할 수 있다. 세포들이 그녀의 삶을 견디지 못하고 그녀의 통제력을 벗어나기 때문이다. 멋대로 증식한 세포들에게 이제 그녀의 삶은 중요하지 않다. 암세포들은 그녀와 함께 사는 것을 포기하여 더 이상 신호를 주고받지 않는다.

많은 이들이 암에 걸린 후 자신의 인생을 되돌아본다. 암이라는 질환은 그 어떤 질병보다 삶을 크게 되돌아보게 만든다. 훨씬 더 자신을 챙기게 되고 삶과 죽음에 대해 겸허히 받아들이게 된다. 그제야 자신 내면의 목소리, 무의식이 보내는 소리에 주목하게 된다.

이러한 자율 신경의 불균형은 우리 사회에 만연해 있다. 강한 스트레스를 주는 삶의 방식은 평생에 걸쳐 지속되며 현대인들은 이러한 삶을 당연하게 받아들인다.

최적의 건강을 위해서 필요한 자율 신경의 균형, 우리의 무의식은 어떻게 바뀌어야 할까?

자율 신경의 균형을 위협하는 적, 스트레스를 조절하라

자율 신경은 대조적인 두 개의 기능으로 나뉜다. 바로 교감 신경과 부교감 신경이다. 교감 신경은 스트레스 상황에서 싸우거나 공격할 때 활성화된다. 부교감 신경은 휴식을 취하고 몸을 회복할 때 활성화된다. 자율 신경의 불균형은 대체로 스트레스 상황에 많이 노출되면서 교감 신경이 과도하게 활성화되어 나타난다. 그러므로 핵심은 교감 신경이 과도하게 활성화되는 스트레스 상황을 조절하는 것이다.

삶에서 스트레스가 주어지는 상황은 매우 다양하고 복잡하다. 의식적, 무의식적 스트레스를 이해하고 자율 신경의 균형을 찾기 위해서는 삶 전체를 점검해야 한다. 스트레스는 외부에서 주어지는 객관적 상황보다는 주관적으로 어떻게 느끼는지가 더 중요하다.

자율 신경의 균형을 위해서는 특히 무의식 속의 생존 방식을 점검해야 한다. 자율 신경은 생존과 진화의 본능을 따르므로 생존의 위협을 느끼는 외적, 내적 신호에 집중해야 한다. 현대인들이 생존의 위협을 느끼는 상황은 무엇일까?

가장 중요한 한 가지를 꼽자면 바로 경쟁이다. 현대 사회에서의 생존 본능은 경쟁을 통해 나타난다. 즉 우리 마음속 경쟁에 대한 관점을 어떻게 바꾸느냐가 스트레스를 조절하는 핵심 열쇠이다.

자율 신경의 경쟁 모드
– 우리는 이렇게 살아야 할 운명인 걸까?

현대 사회는 그야말로 생존 경쟁의 시대이다. 태어나서 20년간은 좋은 대학에 들어가기 위해 학생으로서 치열한 경쟁을 하고, 대학 졸업 후 20~30년은 안정적인 경제 기반을 다지기 위해 치열하게 경쟁한다.

경쟁은 우리의 삶에 어떤 영향을 미칠까?

① 육체적 부담
경쟁은 우리에게 육체적 부담을 준다. 경쟁하면 자율 신경 중 교감 신경이 활성화된다. 교감 신경은 싸울 때 발휘된다. 누군가 자신을 공격할 때 또는 공격해야 할 때 발휘되는 반응이다. 수사자들은 암사자들 무리를 차지하기 위해 죽을힘을 다해 싸운다. 사자가 사슴을 공격할 때 사슴이 전력 질주하여 도망가는 경우 생존을 위해 교감 신경이 활성화된다. 교감 신경은 혈압과 심박수를 올리고, 근육으로 혈류가 가게 만든다. 스트레스 호르몬이 뿜어져 나온다.

경쟁은 몸 전체를 이러한 싸움 모드로 만든다. 우리가 경쟁 사회에 산다는 것은 항상 이런 싸움 모드로 사는 것이다. 경쟁에 대한 위기 본능은 무의식에 깊이 자리하고, 스스로 활동하는 자율 신경계에 무의식적인 영향을 미쳐 평생 교감 신경 우위로 살게 된다.

경쟁 스트레스로 인한 교감 신경 활성화는 많은 증상과 병을 유발한다. 혈관 수축으로 고혈압과 심근 경색, 뇌졸중이 온다. 주변에서 매일 야근하고 열심히 일하다가 심장 마비, 뇌졸중으로 쓰러졌다는 소식을 들어봤을 것이다. 스트레스 호르몬은 뇌가 중독적인 음식을 탐닉하게 한다. 당분이 많은 음식, 과식, 야식 등을 섭취하게 되어 비만과 당뇨, 고지혈증, 지방간 등 대사 증후군이 생긴다. 장기간의 스트레스는 전신의 만성 염증을 유발한다. 이 만성 염증이 암, 자가 면역 질환, 면역력 저하 등으로 대표되는 면역 질환을 유발한다. 경쟁 스트레스가 만병의 근원이 되고, 우리의 건강 수명을 줄인다.

② 강한 심리적 스트레스 유발

장기간의 스트레스는 교감 신경 탈진과 스트레스 호르몬 고갈로 인한 심한 만성 피로와 번아웃 증후군을 유발한다. 번아웃 증후군이 오는 이유는 단순한 과로 때문이 아니라 몸과 마음이 경쟁 스트레스로 지쳐버렸기 때문이다. 경쟁을 위해 몸과 마음을 극도로 몰아붙여서이다.

많은 사람이 불면을 겪는다. 대부분 생각과 고민이 많다. 수면제도 효과가 없고, 명상, 복식 호흡 등 이완 요법이 큰 효과가 없다. 무의식 속에 평생 경쟁 모드가 자리하고 있어 의식적인 이완 노력은 효과를 발휘하지 못한다.

평생 그러한 삶을 살아서 자신의 몸과 뇌가 경쟁 모드라는 걸 인지하지 못하고 왜 불면인지 걱정한다. 그러면서도 불면의 가장 큰 원인이자 경쟁 모드를 강화하는 카페인을 놓지 못한다. 카페인이 경쟁 사회의 삶에서 중요한 무기이기 때문이다.

경쟁과 생존을 동일시하는 현대 사회는 경쟁에서 지게 될 때 인생에서 실패했다고 느낀다. 그래서 10대 사망 원인 중 자살이 높은 순위를 차지한다.

③ 삐걱대는 인간관계, 사회적 스트레스 유발

감정을 조절하는 뇌의 변연계에는 공포와 불안을 담당하는 편도체가 있다. 이 편도체는 자율 신경, 호르몬과 연결된다. 경쟁으로 인해 교감 신경이 활성화되면 편도체가 활성화된다. 관계와 상황을 적대적으로 보고, 자리를 빼앗길 것 같은 두려움을 느낀다.

직장 동료와 승진을 두고 경쟁한다면 그들이 잘되는 걸 진심으로 기뻐하기 어렵다. 학교에서 공부할 때 학급 친구들, 학원 친구들과 상위권 대학에 가기 위해 성적을 두고 경쟁하게 되면 진정한 속마음을 나누기 힘들다. 유치원에서부터 시작되는 레벨 테스트는 어린아이도 서로를 비교하게 만든다. 이미 아이들은 A 등급과 B 등급의 차이가 무엇인지 알고 경쟁이라는 개념을 무의식중에 학습한다.

경쟁은 나와 내 친구, 동료들을 비교하게 만들고, 자존감에 상처를 주며, 불안감을 느끼고, 적대적인 관계로 만든다. 나라 간 전쟁, 기업 간 경쟁, 수많은 경쟁이 우리를 둘러싸고 있어 경쟁이 아닌 관계를 찾아보기 힘들다고 느낄 정도니 삶은 위태롭게 느껴진다.

경쟁이라는 세상의 프레임을 어떻게 바꿀 수 있을까?
우리는 평생 경쟁이라는 톱니바퀴 안에서 살아야 하는 운명인 걸까?

자율 신경의 상생 모드
- 우리는 서로를 돕고 살려주는 관계다

경쟁을 생존에 필수적이라고 보는 시각에 다윈의 진화론이 근거가 된다. 다윈은 생물이 생존 경쟁하여 환경에 잘 적응한 종만 살아남는다는 적자생존과 자연 선택설을 주장했다. 사회적으로 보면 피라미드처럼 계급이 생기고, 빈익빈 부익부로 최상층은 부를 한없이 축적하고, 사회적 약자는 더 늘어나는 현상이 이를 증명한다. 최상층은 이 중에서도 권력과 재력을 독점하고, 사회적 약자는 자원과 기회를 얻지 못해 더 약자가 된다.

그러나 진화는 반대 방향으로도 흐른다. 상생이다. 오히려 상생이 환경에 적응하는 큰 힘을 만든다. 단세포가 다세포로 진화한 계기는 하나의 세포였던 미토콘드리아가 다른 세포와 합쳐지면서 에너지를 폭발적으로 만들었기 때문이다. 두 세포는 상생하여 환경에 적응하고 생물의 다양성을 이루었다.

약자와 강자, 바이러스나 박테리아와 고등 생물은 상생하면서 환경에 적응하고 진화한다. 모든 생물은 긴밀하게 연결되어 있으며, 환경과도 많은 영향을 주고받는다.

생존의 노력이 이기적 방향으로 진행되면 오히려 모두의 위협이 된다. 인류가 생존하기 위해 발전해온 과학 문명은 오히려 지구를 위험에 처하게 한다. 그러한 환경과 기후 위기는 결국 인간이라는 종의 위기를 가져온다. 그래서 발생한 개념이 ESG 경영이다. ESG는 환경(Environmental), 사회(Social), 지배구조(Governance)를 합친 단어이다. 기업의 가치는 자신만의 성공이 아니라 현시대의 환경, 미래 세대의 삶을 고려할 때 존재한다는 믿음을 보여준다. 이는 지속 가능한 발전을 위해 친환경적이고 미래를 생각한 사회적 책임을 고려하는 상생의 경영방식이다.

우리가 상생하면 어떤 변화가 찾아올까?
상대가 나의 부족함을 채워줄 사람이자 내가 도와줄 사람이라는 생각이 들면 마음의 안정이 생긴다. 어려움이 생기면 서로 도움이 될 거라는 믿음은 마음을 치유한다. 우리가 서로 돕는다는 마음이 생기면 마음이 따뜻해지고 힘이 된다. 마음이 치유되면 몸도 치유된다.

치유의 자율 신경은 부교감 신경이다. 혈압을 낮추고 혈관을 이완하고 뇌와 몸을 이완시켜 몸은 회복 단계로 들어간다. 뇌에서는 세로토닌과 같은 행복 호르몬이 나오고 숙면하게 된다. 몸의 염증이 줄어들고 세포에 에너지가 채워져 면역력이 높아진다.

자율 신경의 균형을 맞추려면 부교감 신경을 활성화하는 삶을 살아야 한다. 왜냐하면 우리는 어쩔 수 없이 교감 신경이 활성화되는 경쟁 시대에 살고 있기 때문이다.

교감 신경의 경쟁 모드,
부교감 신경의 상생 모드,
균형을 맞춰라

교감 신경이 경쟁 모드라면 부교감 신경은 상생 모드라고 볼 수 있다. 삶에서 경쟁 모드와 상생 모드를 적절하게 조화시키는 것이 최적의 건강을 이룬다.

경쟁과 상생은 서로 반대되는 이분법적 가치로 여겨지지만 실제로는 서로 강하게 얽혀 있는 관계이다. 세상에는 이렇게 흑과 백처럼 서로 섞

일 수 없는 가치가 동시에 존재하는 경우가 많다. 한쪽으로 치우친 상반되는 두 가치를 조화롭게 연결하는 방법은 관점을 바꾸는 것이다.

경쟁에서 상생으로 변화하려면 서로 같은 곳을 바라보지 말고 다른 곳을 향해야 한다. 남들이 누구나 원하는 걸 목표로 하면 경쟁은 심해진다. 남들과 다른 나만의 독창적인 것을 찾을수록 더 자유롭고 상생하기 쉬워진다. 각자의 개성으로 함께 성장할 때 상생은 진화한다.

이처럼 경쟁과 상생을 스펙트럼의 관점에서 최적화시키면 자율 신경이 최적의 균형을 찾는다. 인생이 경쟁 모드에 치우쳐 최적의 삶을 이루지 못하고 있다면 상생 모드로 전환해보자. 분명 최적의 건강과 최적의 삶으로 한 단계 나아갈 것이다.

거꾸로, 최적의 삶을 추구해야 자율 신경의 균형도 최적으로 만들어낼 수 있다.

몸이 최적의 건강 상태를 유지하는가?
마음은 행복한가?
인간관계에 문제는 없는가?
일에서 성취감을 느끼고 있는가?
삶의 방향이 맞다고 느끼는가?

하나하나 돌아보는 과정이 당신의 자율 신경을 최적으로 맞춰낼 것이다.

경쟁 사회

경쟁은 우리가 피할 수 없는 생존 본능인가?
우리는 경쟁을 통해 무엇을 얻고, 무엇을 잃게 될까?

Mnet 방송사에서는 서바이벌 프로그램들을 시리즈로 방영하며 연이은 히트를 기록하고 있다. 〈슈퍼스타 K〉를 시작으로 〈프로듀스 101〉, 〈쇼미더머니〉, 〈스트릿 우먼 파이터〉 등 이러한 서바이벌 프로그램을 통해 스타가 된 이들이 많다. 최근에는 트로트 서바이벌 프로그램이 유행하면서 중장년층 시청자들까지 사로잡았다. 여기서 스타가 된 임영웅은 국민 영웅이 되어 현재 신드롬급 인기를 보여주고 있다.

경쟁 과정에서 참가자들의 재능, 외모, 인기 등이 순위에 매겨지고, 인성이 평가된다. 그들의 피나는 노력과 성장하는 모습은 시청자들의 공감을 얻는다. 언제나 눈물과 감동의 스토리가 더해진다. 어려운 경쟁을 통해 1등이 되면 모든 스포트라이트와 지원을 받는다.
그 과정에서 얻게 되는 고통은 승리를 위한 당연한 희생으로 여겨진다. '승리하는 데 그까짓 고통쯤이야.'라고 생각하며 받아들여진다. 하지만 그 승리는 오직 단 한 사람에게만 돌아간다. 수만 명이 지원했는데 단 한 명만 행복해지는 것이다. 그것이 경쟁의 대가이다.

나머지가 열심히 하지 않은 것도 아닌데, 모든 좋은 것은 한 명만이 가져간다. 하지만 그 단 한 명이 되기 위해 수십만, 수백만 명의 우리는 스스로를 몰아붙인다.
경쟁 사회의 치열함을 대표하는 상징물은 바로 커피로 대표되는 카페인 섭취이다. 요즘은 '커피 링겔을 맞는다'고 표현한다. 카페인은 스트레스를 이겨내게 하지만 몸의 에너지를 고갈시킨다. 자율 신경의 균형은 무너지고 세포는 번아웃이 온다.

피로를 이기기 위해 자율 신경의 균형이 무너짐을 겪으면서도 고카페인 음료를 섭취하는 학생과 직장인들의 모습이 떠올라 안쓰럽다. 그렇게 노력을 많이 할수록 번아웃으로 이어질 미래가 씁쓸하다.

자신을 과도하게 몰아붙이거나 책임감과 의무감을 많이 짊어지면 스트레스를 더 많이 받는다. 교감 신경이 더욱 활성화되어 불균형을 초래할 뿐이다. 기억하자. 균형을 찾기 위한 상생 모드 활성화는 나 자신을 경쟁으로 몰아붙이지 않는 것에서 출발한다. 자신을 아끼고 사랑하는 사람은 자기 자신을 스트레스로 내몰지 않는다. 자신에게 마음의 여유를 주고, 실수에도 관대할 줄 알아야 한다.

3

생존 욕구와 의지를 조절하라

의지가 생존 본능을 이길 수 있는가?

생존을 위한 무의식적 욕구와 본능은 몸과 마음에 메시지를 보내며 우리의 미래에 무엇보다 강력한 영향을 미친다. 이러한 생존 욕구에 감히 도전장을 내미는 이들이 존재하니, 과연 누구일까? 이들은 같은 방법으로 번번이 실패하면서 백전백패인 도전을 멈추지 않는다. 바로 다이어터들이다.

'이럴 수가, 언제 체중이 이렇게 늘었지?'

아침에 몸무게를 보니 체중이 6개월 전보다 10kg이나 늘었다. 직장이 바뀌고 야간 근무가 늘어나면서 집에 돌아와 야식을 배달해 먹었던 게 화근이었다. 어쩐지 요즘 배달 어플에서 주문한 비용이 너무 많다 했다. 곧 여름이 다가오고 친구와 발리로 놀러 가기로 했는데 이 몸매로는 도저히 갈 수 없다는 생각에 다이어트 계획을 짰다. 3달에 12kg! 수영복을 입으려면 그 전에 찐 살까지 좀 더 빼야지. 본격 다이어트 돌입이다.

닭가슴살, 고구마, 바나나 등으로 칼로리를 제한하고 헬스를 끊었다. 매일 1시간씩은 땀을 실컷 흘려서 칼로리 소모를 늘려야지. 친구들과의 모임도 당분간은 자제할 것이다. 3주가 지나니 5kg이 빠졌다. 이대로면 3달에 15kg도 빠지겠는데? 떡볶이와 라면이 좀 당기지만 참아야지. 2달이 되었는데 아직 6kg밖에 안 빠졌네. 아, 지난주에 모임을 안 갔어야 했는데. 맥주 마시면서 안주 몇 점 먹었더니 체중이 정체야. 다시 다이어트 돌입이다.

이제 8kg! 지난주에 디톡스 다이어트로 주스만 먹은 보람이 있다. 3개월에 8kg이면 충분하다. 발리야, 내가 간다! 이럴 수가! 발리 다녀온 뒤에 다이어트를 놓았더니 식욕이 멈추질 않네. 과자에 빵에, 폭식을 참을 수가 없어. 얼마나 힘들게 뺐는데 어떻게 한 달에 5kg이 느는 거지? 체중 뺀 지 3개월 만에 11kg이 늘었어. 너무 슬프다. 조만간 다시 다이어트 시작이다! 할 수 있어! 이번에는 꼭 성공할 거야!

많은 사람이 식욕은 의지로 참는 것이고 억누른 식욕이 터져서 폭식하면 의지가 약하다며 자신을 비난한다. 그러나 사실 폭식은 의지와 아무런 상관이 없다. 여러분의 의지는 충분히 강하다. 다만 의식적인 노력이 무의식의 생존 본능인 식욕을 절대 이길 수 없다는 걸 모르는 것뿐이다.

억누른 식욕은 무의식에 점차 쌓인다. 배고픔과 함께 스트레스가 주어지면 무의식에 꾹꾹 눌러놓았던 식욕이 한순간에 터진다. 그것이 폭식이다. 마치 무의식에 분노가 쌓이다가 한순간에 터지는 것처럼 말이다.

폭식 후에는 자존감이 떨어진다. 공복과 스트레스가 함께 주어지면 폭식이 오는데, 심리적 스트레스가 심해지니 폭식도 심해진다. 결국 다이어트에 실패하고 평생 다이어트 감옥에 갇히게 된다.

다이어트의 성공 열쇠는 항상성이다!

이렇게 다이어트를 반복하면 식욕 조절 시스템에 이상이 생긴다. 비정상적인 식욕 때문에 식욕의 건강한 생체 리듬이 무너진다. 신진대사가 떨어지고 호르몬 분비의 불균형이 생긴다. 그렇게 생존 기능인 항상성이 깨진 결과가 바로 비만이다.

나 역시 20대 때에는 다이어트 실패를 겪었다. 10년간의 반복적인 다이어트 실패 후 의지로 식욕을 누르려는 걸 포기했다. 대신 살이 어떻게 찌지 않을 것인가를 연구했다.

30대 초반에 임신하고 17kg이 쪘는데 한 달에 1kg씩 빼면서 식욕과 대사 변화를 관찰했다. 2년 안에 정상 체중으로 돌아온 후 몸과 마음의 항상성을 유지하는 방법을 터득했다. 그 이후 지금까지 안정적인 체중을 유지하고 있다. 체중이 1~2kg 정도 왔다 갔다 하는 것은 건강에 전혀 문제가 없다. 사람들은 내가 먹는 것에 비해 살이 안 찐다고 한다. 가리지 않고 뭐든 잘 먹기 때문이다. 그야말로 남들이 부러워하는 맛있게 잘 먹어도 살이 안 찌는 체질이 된 것이다. 나는 고통스러운 다이어트 감옥에서 완전히 탈출했다.

나는 스스로 연구한 방법을 대사 영양 치료와 습관 인지 치료로 정리하여 10년간 많은 환자를 치료했다. 환자들은 10kg에서 40kg까지 원하는 만큼 건강하게 체중을 감량했다. 감량 후에도 꾸준히 오는 환자들은 체중 유지도 성공할 확률이 높고 습관이 자리 잡힌 분들은 다시 찌지 않는다.

식욕을 조절하고 항상성을 유지하여 최적의 건강을 이루는 방법을 소개한다.

식욕을 조절하고 항상성을 유지하는 최적의 건강 습관 9

1. 매일 거르지 않고 아침 체중을 재라.

아침에 일어나자마자 화장실 다녀온 후, 아무것도 먹지 않은 상태로 속옷만 입고 가장 날씬할 때 체중을 잰다. 아침 체중은 자신의 체중을 가장 잘 반영한다. 식사 후에 재면 체중 기록이 불규칙해진다. 그리고 가장 날씬할 때 재야 기분도 좋다. 체중은 하루 한 번만 재자.

매일 체중을 재야 감량이 필요한 타이밍을 안다. 눈대중으로는 내가 체중이 얼마나 늘었는지 모른다. 체중 증가가 2kg 정도가 넘지 않을 때 체중 감량을 시작하라. 그 이상 늘면 혼자 감량하기 어려워질 수 있다.

2. 다이어리를 써라.

생활 습관은 무의식적인 행동 패턴이다. 생활 습관을 바꿀 때는 습관을 의식할 수 있는 범위에 두어야 한다. 가장 좋은 것이 다이어리이다. 매일 식습관과 운동 습관 등을 적으면서 행동 패턴을 파악하고 분석하라.

가능하면 수면 습관이나 스트레스, 감정 등도 같이 적어주면 좋다. 다이어리는 인지 치료에 있어 핵심인데 일단 적는 것만으로도 효과가 있다. 잘못된 생활 습관은 본인이 인지하지 못하거나 필요성을 모르는 경우가 있어 전문가의 도움을 받으면 가장 좋다. 아침 체중이 1~2kg 늘었을 때 바로 시작하면 좋다. 그래야 빨리 교정될 수 있다.

3. 아침은 뇌의 식욕, 저녁은 장의 식욕을 충족시켜라.

식욕은 억지로 누르면 안 된다는 걸 이제는 알 것이다. 식욕을 효율적으로 채우는 방법은 바로 신진대사에 맞추는 것이다.

살이 찌는 당분은 신진대사가 활발한 아침이나 점심 식사 때 먹는 게 좋다. 특히 아침 공복 시 당분 보충이 필요한데 뇌가 활동하려면 충분한 포도당이 필요하기 때문이다. 저녁에는 신진대사가 떨어져 당분을 먹으면 쉽게 지방으로 저장된다.

저녁 당분을 줄이려면 오후 4시경에 당분이 있는 디저트를 먹어주면 좋다. 오후에 당분이 당기는데 참으면 참았던 식욕이 저녁에 야식이나 과식으로 이어진다. 저녁에는 장내 미생물의 식욕을 충족시킨다고 생각하고 채소 식이섬유를 충분히 먹어주면 식욕 조절에 도움이 된다.

4. 식욕을 의지로 강하게 누르지 마라.

다이어트를 위해 식사량을 급격히 줄이거나 공복 상태를 오래 유지하면 식욕이 쌓이면서 비정상적인 식욕이 된다. 이 상태에서 스트레스를 받으면 폭식이 된다. 그러므로 정상적인 식욕을 유지하려면 참는 식욕, 공복 상태, 스트레스로 먹는 식욕을 줄여야 한다.

의지로 강하게 누르는 식욕은 무조건 터진다고 생각하고 식욕 억제 의지 자체를 줄여야 한다. 체중 감량 시에는 평소보다 약간 덜 먹는다는 느낌으로 평소 식사량의 80% 정도를 유지하면 좋다. 식욕이 올라오면 적절하게 채워주어야 한다.

5. 낮에는 공복 상태를 피하라.

공복 상태는 체중 감량 시에는 길면 길수록 좋지 않다. 공복 자체는 신진대사의 회복을 위해 도움이 된다. 추천하는 공복 시간은 자기 전부터 아침까지 8시간~12시간 정도이다. 예를 들면 저녁 9시부터 다음 날 7시 정도면 10시간의 공복 시간을 가지게 된다.

추천하는 식사 시간은 아침, 점심, 오후 간식, 저녁 이렇게 4번 정도 권한다. 적절하게 식욕을 채워주면 한 끼에 몰아서 먹는 과식이나 폭식이 사라진다. 특히 아침, 점심을 먹어야 저녁에 과식이 없어 살이 찌지 않는다.

살이 찌는 사람들의 전형적인 특징은 살을 빼려고 아침, 점심을 굶거나 적게 먹다가 저녁에 못 참고 과식하는 사람들이다. 그들은 많이 먹지 않았는데 살이 찐다고 말한다. 살이 안 찌는 사람들은 끼니를 잘 챙긴다. 그들은 항상 잘 먹는데 살이 안 찌는 편이라고 말한다.

6. 스트레스성 식욕을 조절하라.

스트레스성 식욕은 주로 뇌의 스트레스를 해결하기 위해 당분 섭취를 원한다. 달달한 커피 한 잔, 케익, 마카롱, 과자 등은 세로토닌을 분비해 일시적으로 기분을 좋게 한다. 이렇게 스트레스를 받을 때마다 당분을 찾게 되면 당분 중독이 된다.

스트레스성 식욕을 조절하려면 스트레스 자체를 완화해야 한다. 자율 신경의 조절을 통해 스트레스를 조절한다. 일단 물을 한 잔 마신다. 산책하거나 약간의 낮잠도 좋다. 피로를 개선하는 영양제와 당분과 비타민이 함께 있는 과일을 먹는다.

특히 충분한 수면은 뇌와 몸의 피로를 개선해서 스트레스로 인한 식욕을 줄여준다. 수면은 항상성을 회복해서 정상적인 생체 리듬을 회복하고 정상적인 식욕을 찾게 만든다.

7. 자신을 칭찬하라.

다이어트로 엄격하게 체중을 감량하고 다시 요요가 오는 악순환은 자존감을 떨어뜨리고 우울하게 만든다. 자존감 저하와 우울감은 다이어트를 놓지 못하는 원인이 된다. 자존감을 높이는 다이어트만이 성공할 수 있는 유일한 방법이다.

그러므로 항상 자신을 칭찬해야 한다. 의지로 적게 먹은 건 대단한 일로 칭찬받아 마땅하다.

그러나 다이어트 중에 원치 않게 과식을 한 경우에도 잘했다고 칭찬하는 것이 중요하다. 식욕은 사랑받아야 하는 욕구이며 맛있게 잘 먹는 걸 칭찬해야 한다. 무조건 칭찬하라.

8. 적절한 체중 목표를 잡아라.

다이어트에서 식욕을 조절하지 못하는 가장 큰 이유는 원하는 체중이 너무 이상적이기 때문이다. 사람들은 식욕을 완전히 누른 상태로 체중을 감량했던 결과가 자신이 유지할 수 있는 이상적인 목표 체중이라고 생각한다.

식욕이 터져서 요요가 왔을 때 나온 최고 체중은 자신의 체중이 아니라며 부정한다. 우리는 식욕 없이 살 수 없는 동물이다. 목표 체중이 너무 낮으면 현실적으로 유지하는 것이 불가능하다.

그러므로 체중에 대한 목표를 현실적으로 수정해야 한다. 가장 적절한 체중은 의지가 높을 때와 식욕이 넘칠 때의 중간이다. 만약 자신이 체중을 최대로 46kg까지 뺐고, 가장 많이 쪘을 때가 54kg이라면 적정 체중은 46+54/2로 50kg이다. 욕심을 내려놓아야 성공한다.

9. 계단식으로 감량하고 파도처럼 유지하라.

체중을 감량할 때는 몸이 항상성을 유지하기 위해 체중에 맞게 신진대사의 세팅 포인트가 조절된다. 이러한 생체 리듬을 이해해야 효과적인 감량이 가능하다.

체중이 쉽게 빠지다가 정체기가 올 때가 있다. 이때가 몸이 정비를 시작하는 세팅 포인트이다. 몸이 다시 뺄 준비를 마칠 때까지는 무리해서 식사량을 줄이지 말고 체중을 유지한다. 그러다 보면 다시 체중이 빠지는 시기가 자연스럽게 온다. 정체기를 초조하게 여기지 말자.

목표 체중에 도달해서 유지할 때는 파도를 타듯이 식욕을 조절하면 좋다. 가끔 많이 먹어서 1~2kg 늘면 다시 식욕을 조절해서 체중을 뺀다. 다시 식욕이 오르면 좀 더 먹고 식욕이 줄면 다시 식사량을 줄인다. 이처럼 작은 파도를 몸으로 느끼면서 타면 식욕이 제자리를 찾는다.

비만은 사회적으로 심각한 문제이다. 2021년 국민 건강 영양 조사에 따르면 19세 이상 비만 유병률은 37.1%에 달한다. 성별로는 남자가 46.3%, 여자가 26.9%이다. 특히 30대와 40대 남성은 비만 유병률이 50%를 넘는다. 비만은 질병이 시작되는 중요한 관문이다. 항상성이 깨지고 만성 염증 상태가 되면 당뇨, 고혈압, 고지혈증, 뇌졸중, 심근 경색, 치매, 암과 같은 거의 모든 질병의 스펙트럼으로 미래의 인생을 몰고 간다.

비만 치료는 단순히 식사량을 줄이고 운동량을 늘리는 게 답이 아니다. 덜 먹고 많이 운동한다고 해서 무조건 살이 빠지는 게 아니다. 오늘 하루 치킨을 참는다고 해서 드라마틱한 변화가 나타나지는 않는다. 다이어트는 생존 본능과 싸우는 일이 아니라 생존 본능을 다루는 일이다. 몸의 항상성을 이해해야 한다. 의지뿐만 아니라 나 자신에 대한 관찰, 치밀한 기록과 분석이 뒷받침되어야 한다. 즉, 성공적인 다이어트를 위해서는 몸과 마음의 무의식적 소리에 많이 귀 기울여야 한다. 건강 상태, 생활 습관, 심리적 스트레스를 이해해야 한다. 식욕을 적절하게 충족시키고, 영양 치료로 신진대사를 높이고 호르몬 균형을 찾아야 한다. 의지와 생존 본능이 균형을 찾을 수 있도록, 항상성을 유지할 수 있도록 해야 한다.

다이어트를 하고 있는가? 만약에 다이어트는 '칼로리 조절'이라는 공식을 가지고 있다면 실패할 확률이 높다. 다이어트는 칼로리를 계산하는 문제가 아니라 생존 본능인 식욕을 얼마나 잘 이해하고 있는가에서 성패가 갈린다.

당신의 식욕을 사랑하라. 당신을 건강한 삶으로 이끄는 생존 본능을 아낄 줄 아는 것이 다이어트의 시작이다. 더이상 의지에만 매달리지 마라. 생존 본능인 식욕을 이해하고 항상성을 유지하라!

4

최적의 호르몬 오케스트라를 지휘하라

스트레스를 받으면
술과 초콜릿이 당기는 이유

한 40대 남성은 불안하고 화가 많다. 운전하다 앞에 누가 끼어들면 화가 나 욕을 퍼붓는다. 오늘도 실수한 직원에게 불같이 화를 냈다. 후회되지만 한번 화가 나면 참는 게 힘들다. 술을 마시면 기분이 좋아져 집에서는 반주를 즐긴다. 와인 한 병이나 맥주 두세 병 마시고 나면 마음이 안정된다. 반주를 즐기는 게 습관이 된 지 오래다. 덕분에 체중이 많이 늘었다. 배가 나오고 지방간이 생겨 술을 줄여야 하는데 끊기가 힘들다. 최근에는 고혈압을 진단받았다. 긴장하거나 불안해지면 가슴이 뛰고 땀이 나고 숨이 막힌다. 얼마 전에는 가슴이 심하게 뛰어서 병원에 갔더니 부정맥이라고 한다.

이렇게 분노 조절이 안 되고 불안한 증상이 있는 사람들의 뇌에서는 아드레날린이 지나치게 뿜어져 나온다. 아드레날린은 뇌하수체를 자극해 코르티솔이라는 스트레스 호르몬을 분비하며, 자율 신경의 교감 신경을 자극한다.

즉 아드레날린, 스트레스 호르몬, 교감 신경은 함께 작용한다. 아드레날린 때문에 불안과 분노를 느낀다. 스트레스 호르몬은 식욕을 증가시켜 술이나 당분 섭취를 늘린다. 그 결과 내장 지방이 늘고 지방간이 생긴다. 교감 신경은 혈압을 높이고 심장에 부담을 줘 부정맥이나 협심증, 심근경색 등의 증상을 유발한다.

우리가 사랑에 빠지면 더 복잡한 호르몬과 자율 신경 증상이 나타난다. 처음에 연인을 만나 사랑에 빠지면 그 사람에게 완전히 몰입하고 사랑이 활활 타오른다. 몰입하고 중독되는 것은 도파민 덕분이다. 아드레날린이 함께 분비되고 교감 신경이 활성화되면서 심장이 뛰고 얼굴이 빨개지고 설렘을 느끼게 된다. 성호르몬이 분비되면 성적 매력이 높아진다.

사랑이 점차 진행되면 세로토닌과 옥시토신이 분비되면서 평온함과 행복감을 느끼고 애착이 생긴다. 부교감 신경이 활성화되면서 몸이 이완되고 수면을 잘 취하고 면역력이 높아진다.

이렇듯 우리의 마음과 몸은 연결되어 있고, 이에 가장 지대한 영향을 끼치는 것이 바로 호르몬과 자율 신경이다. 호르몬과 자율 신경의 가장 중요한 역할은 바로 항상성 유지다.

무의식적 욕구는 어디에서 만들어질까?
– 무의식과 항상성은 맞닿아 있다

생명을 유지하는 중요한 특성을 항상성(homeostasis)이라 한다. 항상성이란 외부 환경과 신체 내부 환경의 자극과 변화에 맞춰 안정적으로 균형을 맞추는 성질이다. 예를 들어 우리 몸의 체온은 항상 36~37.5도를 유지하고 있다. 37.5도 이상이 되면 '열이 난다'고 하며 이는 무언가 몸에 이상이 생겼음을 의미한다. 세균에 감염되었거나 면역에 문제가 생겼다는 뜻이다. 반면에 추운 곳에 오래 있어 36도 이하의 저체온증에 걸려도 생명에 위협이 된다.

이렇듯 우리의 생명과 직결되어 있는 항상성을 유지하는 기관은 뇌에 있다. 바로 뇌하수체와 시상하부이다. 이들의 역할은 항상성을 유지하는 자율 신경계와 호르몬 분비의 조절이다. 체온과 생체 시계, 굶주림, 갈증, 대사 조절과 같은 기본적인 신진대사를 조절한다.

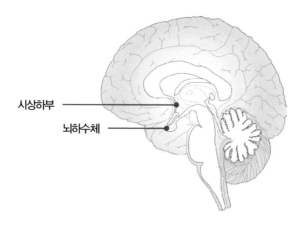

시상하부

뇌하수체

항상성을 유지하는 자율 신경계와 호르몬 분비를 조절한다.

많은 무의식적 욕구가 이곳에서 생긴다. 사랑하고 싶은 욕구, 성공하고 싶은 욕구, 싸우고 싶은 욕구, 자고 싶은 욕구, 먹고 싶은 욕구들을 만들어내는 호르몬과 자율 신경은 몸과 마음에 모두 영향을 끼친다. 뇌로 분비되는 호르몬인 신경 전달 물질은 우리의 마음을 조절한다. 몸으로 분비되는 호르몬과 자율 신경은 조직과 세포에 신호를 전달하거나 몸속 다른 호르몬 장기에서 호르몬을 분비하도록 자극한다.

몸과 마음을 조절하는 호르몬과 자율 신경계는 항상성 유지를 위해서 협업한다. 이러한 조절 과정은 매우 섬세하며 하나의 오케스트라 같다. 생명이라는 지휘자가 오케스트라 호르몬 연주를 통해서 몸과 마음을 연결한다.

호르몬과 자율 신경을 조절하는 것은 항상성을 유지하는 일이다. 삶이 한쪽으로 치우쳐 이와 관련한 호르몬이 고갈되고 자율 신경 균형이 무너지며 항상성이 깨지면 위기가 발생한다. 세포가 노화하고 기능이 떨어지면 호르몬 분비에 영향을 준다. 오케스트라의 불협화음은 모든 장기와 세포에 영향을 주고 최적의 건강을 무너뜨린다.

호르몬 균형을 체크하라

'저는 호르몬 증상이 있는데 검사해보면 정상이라고 해요. 뭐가 문제인 거죠?'

핵심은 두 가지다. 첫째, 호르몬도 스펙트럼의 관점에서 봐야 한다. 호르몬 수치가 정상이라고 해서 호르몬 기능이 최적의 상태는 아니다. 정상 범위에서도 호르몬 기능 저하로 인한 증상이 나타난다. 검사상 수치가 정상인데도 호르몬 기능 저하 증상이 나타난다면 호르몬 균형을 잡아주어야 한다. 괜찮다고 방치하면 몸의 기능은 서서히 떨어진다.

둘째, 호르몬 증상은 하나의 호르몬을 채운다고 해서 해결되지 않는다. 균형이 무너진 삶의 방식을 점검하고 해결해야 호르몬들은 제자리를 찾는다. 호르몬들이 최적의 건강 스펙트럼에 있어야 최적의 건강이 실현된다.

호르몬 균형을 찾아 항상성을 유지하고 최적의 건강을 찾기 위해서는 자신의 무의식적인 욕구를 살펴보고 다음과 같은 건강 상태를 점검하면 좋다.

1. 몸과 마음이 충분한 에너지를 가지고 있는가? 기력이 없고 의욕이 자꾸 떨어지는가?
2. 체온이 너무 낮거나 높지 않은가?
3. 지나치게 불안하거나 우울하지 않은가? 화가 잘 조절되는가?
4. 잠이 잘 오는가? 수면을 규칙적으로 잘 취하는가? 중간에 깨지는 않는가?
5. 정상적인 체중을 유지하는가? 정상적인 식욕을 가지고 있는가? 폭식과 과식은 없는가?
6. 면역력이 저하되고 세포의 기능이 떨어진 증상들이 있는가?
7. 특정 호르몬 기능이 저하된 증상들이 있는가?

이와 같은 증상들이 하나라도 있다면 항상성이 깨지고 호르몬과 신경 전달 물질, 자율 신경의 불균형이 왔다는 신호이다. 전문가의 상담을 받고 적절한 증상에 맞게 호르몬을 올려주는 영양 보조제 사용을 추천한다.

최적의 호르몬 오케스트라를 지휘하는
다섯 가지 최적의 건강 습관

1. 11시 이전에 잠이 들어라.

수면은 호르몬 균형의 첫 번째 습관이다. 수면이 부족하거나 불규칙하면 생체 리듬이 깨지면서 호르몬의 불협화음이 생기기 시작한다. 잠을 늦게 자면 성장 호르몬 분비가 줄면서 세포의 노화가 빨라진다.

수면 부족으로 피로가 쌓이면 스트레스 호르몬이 고갈된다. 만성 피로가 있을 때는 특히 11시 이전에 자는 게 좋다. 새벽에 자거나 밤낮이 바뀌면 몸의 회복 속도가 더디고 면역력이 떨어진다.

잘 때는 특히 빛을 차단하는 게 중요하다. 송과선에서 분비되는 수면 호르몬인 멜라토닌은 빛의 신호를 받는다. 빛이 차단되어야 충분히 잘 수 있다. 충분한 수면은 기분도 좋게 한다. 행복 호르몬인 세로토닌은 멜라토닌의 영향을 받는다.

2. 화이트 푸드를 줄이고 브라운 푸드를 먹어라.

화이트 푸드란 정제된 탄수화물을 의미한다. 흰 밥, 밀가루, 흰 설탕 등이 있다. 이들의 특징은 비만을 가져오면서 호르몬 균형을 깨뜨린다. 인슐린이나 렙틴 호르몬과 같이 비만, 당뇨와 직접적인 관련이 있는 호르몬도 문제가 생기지만 2차적으로 다른 호르몬에도 문제가 생긴다.

정제된 탄수화물은 에너지로 전환되면서 많은 효소와 비타민, 미네랄 등이 소모된다. 그러므로 호르몬 재료들이 고갈되어 호르몬 합성에 영향을 준다. 스트레스 호르몬, 갑상선 호르몬, 성호르몬 등이 그러하다.

그러므로 화이트 푸드를 줄이고 현미나 통밀과 같이 정제되지 않은 곡물을 먹도록 한다. 정제되지 않은 곡물의 껍질에는 탄수화물을 소화하는 효소와 비타민, 미네랄 등이 풍부하다. 이들을 브라운 푸드라 한다. 만성 피로나 비만, 면역력이 떨어질 때는 브라운 푸드를 충분히 섭취한다.

3. 산책하라.

다른 운동들도 호르몬 균형을 맞추는 데 도움이 되지만, 산책은 여러 면에서 이롭다. 가벼운 산책은 뇌에 휴식을 주면서 스트레스를 줄이고, 신체를 움직이면서 호르몬 분비를 자극한다. 특히 햇볕을 쬐면 비타민 D 가 합성되면서 감정을 조절하고 면역력을 높인다.

햇볕을 쬐면 우울증이 개선된다는 많은 연구가 있다. 빛은 생체 리듬을 조절하고 호르몬 오케스트라를 지휘한다. 식사 후 15분에서 30분 정도 가벼운 산책을 추천한다.

4. 사랑하고 자주 포옹하라.

사랑은 다양한 호르몬과 신경 전달 물질들을 분비한다. 사랑은 불안이 줄어들고 마음의 안정을 찾게 하는 가장 효과적인 항우울제이다. 가까운 사람들과 사랑을 나누면 아름다운 호르몬 오케스트라 연주가 이루어질 수 있다.

가장 먼저 사랑해야 할 상대는 나 자신이다. 나 자신을 사랑해야 무의식에 있는 감정적 상처를 치유하고 부정적 감정에 소모되는 호르몬 고갈을 막을 수 있다. 자신을 사랑하여 자존감이 높아지면 감정 조절이 훨씬 쉬워진다.

포옹은 옥시토신 분비로 애착의 감정을 느끼게 해주며 면역력도 높인다. 가까운 사람과 따뜻한 접촉을 많이 하면 좋다. 손을 잡거나 어깨를 감싸는 사소한 접촉도 몸과 마음의 긴장을 풀고 편안하게 하여 호르몬 조절에 도움이 된다.

5. 스트레스를 해소하라.

스트레스는 호르몬을 빠르게 고갈시키는 주범이다. 우리 몸에 가장 중요한 호르몬이 스트레스를 이겨내는 호르몬인 코르티솔이다. 코르티솔이 고갈되면 활력과 면역력이 함께 떨어지며, 혈압, 혈당, 인지 기능 등 다방면에 큰 영향을 미친다.

스트레스 호르몬이 고갈되지 않으려면 몸과 마음의 스트레스를 줄이는 것이 답이다. 번아웃은 호르몬 균형이 망가졌다는 뜻이다. 특히 번아웃은 자율 신경의 경쟁 모드인 교감 신경 활성화와 관련이 깊다.

경쟁 모드를 상생 모드로 전환하고, 워라밸과 워케이션처럼 일과 쉼의 조화를 찾는 것이 최적의 호르몬 오케스트라를 지휘하는 방법이다. 스트레스도 제때 해소하지 않으면 누적되므로 가능한 바로 해소하는 습관을 들이도록 하자.

나이가 들어도 최적의 호르몬 오케스트라를 지휘한다는 마음으로 적절하게 관리한다면 항상성이 유지되면서 최적의 건강을 유지할 수 있다.

성호르몬 오케스트라

많은 여성이 겪는 여성 호르몬 증상들이 있다. 생리 불순, 생리 전 증후군, 난임, 자궁 근종, 유방 선종, 난소 물혹, 다낭성 난소 증후군 등은 여성 호르몬의 불균형 때문에 나타난다. 그러나 여성 호르몬의 불균형은 다른 호르몬과 밀접한 관련이 있다.

만성 피로와 스트레스로 스트레스 호르몬이 오랫동안 높다가 점차 고갈되면 여성 호르몬 불균형이 온다. 스트레스 호르몬 증가는 에너지 대사를 조절하는 갑상선 호르몬과 인슐린에 영향을 준다. 그 결과 복부 지방이 늘고 살이 찐다.

만성 피로는 생리 주기에 영향을 미치고 유방, 난소, 자궁 등에 혹을 만든다. 특히 인슐린 민감성은 다낭성 난소 증후군과 밀접한 관련이 있다.

여성 호르몬은 행복 호르몬인 세로토닌에 영향을 미쳐 우울감과 같은 감정 조절에 영향을 준다. 세로토닌 부족은 수면 호르몬인 멜라토닌 부족을 유발하여 수면 장애를 일으킨다. 이처럼 여성 호르몬 관련 증상은 만성 피로, 체중 증가, 우울감, 수면 장애 등이 동반된다.

마찬가지로 남성들이 겪는 사춘기 여드름이나 탈모 증상 역시 남성 호르몬만의 문제가 아니다. 스트레스 호르몬과 인슐린, 성장 호르몬 등의 상호작용이 남성 호르몬에 영향을 미쳐 증상이 생긴다.

5

활력과 면역력을 높여라

활력과 면역력은 세포의 생명력에 달렸다

40대 남성이 내원했다. 그는 전신의 통증과 함께 피로감을 느꼈다고 말했다. 3개월 동안의 치료를 받은 후 증상이 좀 나아졌지만, 여전히 일의 양이 많아 체력이 떨어지는 상황이었다. 그는 운동을 더 늘리기로 했다.

하지만 나는 과한 운동보다는 지금 일의 양을 줄이는 게 좋을 것이라고 제안했다. 그의 호전 속도가 느린 것은 과한 업무량 때문이었다. 그러나 그는 그 이후 바빠서 내원하지 못하였다. 1년 뒤 그가 일을 그만두었다는 소식이 들려왔다. 그는 체력이 너무 떨어져 아무것도 할 수 없어 일을 그만두었다고 한다.

번아웃 증상은 과도한 업무량으로 에너지가 고갈되는 현상이다. 특히 미토콘드리아 기능이 현저히 떨어져 에너지 생산이 부족해진다. 세포 기능이 저하되면 병든 미토콘드리아가 증가하고 에너지 효율이 점차 떨어진다. 즉 번아웃은 세포의 생명력이 떨어진다는 뜻이다.

그렇다면 세포의 생명력이란 무엇을 의미할까?

이 질문에 대한 답은 무의식의 가장 강한 본능인 생존과 진화, 그 역사가 어디에서 시작되었는지에 대한 이야기와 같다. 약 20억 년 전으로 거슬러 올라가보자.

한때 모든 생물이 발효를 이용해 에너지를 생산했던 시절이 있었다. 모든 생물은 단세포로만 이루어져 있었고, 지구의 끓는 유황 수프에서 살고 있었다. 약 20억 년 전, 대기 중에 산소 농도가 높아지면서 산소 호흡을 하는 단세포가 나타났다. 이 세포는 우연히 다른 단세포에 흡수되었다. 산소 호흡 세포를 흡수한 단세포는 더 많은 에너지를 생산하면서 다른 생물들과 경쟁에서 우위를 점하기 시작했다. 그 결과 지구는 산소 호흡을 하는 생물들로 뒤덮이게 되었다.

다른 세포로 흡수된 산소 호흡 세포는 바로, 우리 몸 안에 있는 미토콘드리아다. 미토콘드리아는 하나의 세포였지만 다른 세포로 흡수되어 산소 호흡을 하는 소기관이 되었다. 그 이후 거의 모든 다세포 생물들은 미토콘드리아를 이용해 에너지를 생산한다.

　세포에서 만들어진 에너지 단위를 ATP라고 한다. 발효 과정에서는 포도당 한 분자로 ATP 두 분자가 만들어진다. 하지만 미토콘드리아에서 산소 호흡하면 포도당 한 분자당 ATP 38분자가 만들어진다. 즉 산소 호흡으로 만들어지는 ATP 양이 발효에 비해 19배나 많다는 뜻이다.

　이처럼 미토콘드리아는 엄청난 에너지 효율을 자랑한다. 미토콘드리아의 강력한 터보 엔진은 단세포 생물에게 생명력을 불어넣었고, 다세포 생물로의 진화를 촉진했다. 결국 산소 대기로 덮인 지구에서 단세포를 수많은 다양성을 가진 생물로 진화시킨 건 미토콘드리아인 것이다.

세포의 생명력, 생존과 진화에 관여하는 미토콘드리아

미토콘드리아

　미토콘드리아는 세포 안에서 유전자인 DNA만큼 중요한 역할을 한다. DNA가 인간의 정체성을 만드는 정보를 저장한다면 미토콘드리아는 생존과 진화, 즉 생명력에 관여한다. 미토콘드리아의 특징은 에너지 대사를 통한 항상성 유지이다.

미토콘드리아가 항상성을 유지하는 분야는 크게 두 가지이다. 바로 세포의 활력과 면역력이다. 미토콘드리아는 에너지를 생산하여 활력을 만들지만 이와 함께 연료의 그을음인 활성 산소를 생산하여 면역력에 지대한 영향을 준다.

다시 번아웃 증상으로 돌아가 보자. 우리가 한계 이상으로 무리하여 에너지를 소진하다 보면 미토콘드리아 기능이 떨어져 세포의 생명력이 고갈된다. 그러면 무의식은 꺼져가는 생명력을 되살리기 위해 몸과 마음에 에너지가 고갈되었다는 신호를 꾸준히 보낸다. 일을 하다가 쉽게 지치고, 피로감을 느끼고, 잠을 자도 몸이 회복되지 않는다. 집중이 되지 않고 의욕이 저하된다. 일할 때는 에너지를 무리해서 더 쓰고는 집에 오면 모든 체력을 소진했다는 것을 깨닫는다. 일찍 자도 아침에 일어나는 일은 점점 더 힘들어진다. 많은 이들이 눈앞에 놓인 중요한 일들 때문에 이러한 신호를 무시하곤 한다.

이 과정이 진행되면 활력이 사라지는 것으로 끝나지 않는다. 병든 미토콘드리아가 평소보다 훨씬 더 많은 활성 산소를 뿜어내기 때문이다. 활성 산소는 산화 독성이 강하여 DNA와 미토콘드리아 및 세포 소기관들을 공격한다. 세포는 방어 기능을 잃고 결국 질병이 발생한다.

쉽게 말하면 활성 산소는 연료의 그을음과 같고, 돌아다니면서 기계를 녹슬게 만든다. 노화되고 병든 세포에 그을음이 묻으면 세포가 파괴된다. 몸 전체의 정상 세포까지도 녹슬게 만들어 여기저기 고장이 나고, 수명이 준다.

치매와 같은 퇴행성 질환, 동맥 경화로 인한 심근 경색, 뇌졸중, 자가 면역 질환, 만성 염증과 암에 이르는 모든 질환이 이 활성 산소로 인해 발생하고 악화된다.

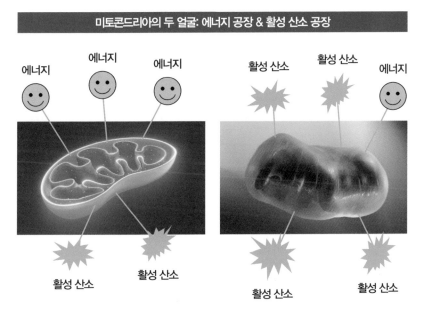

미토콘드리아의 두 얼굴: 에너지 공장 & 활성 산소 공장

에너지　에너지　에너지　활성 산소　활성 산소　에너지

활성 산소　활성 산소　활성 산소　활성 산소

┃ 건강한 미토콘드리아는 에너지를 충분히 생산하여 활력을 높이는 에너지 공장이지만(왼쪽), 병든 미
토콘드리아는 활성 산소를 많이 생산하여 면역력을 떨어뜨리는 활성 산소 공장이다(오른쪽).

당신의 활력 점수는 몇 점인가?
– 무의식은 당신의 활력과 면역력을 모니터링한다

무의식은 놀랍게도 몸과 마음의 에너지, 세포 에너지 상태를 상당히 잘 표현한다. 임상에서 오랜 경험으로 보았을 때 환자들은 자신의 에너지 상태를 상당히 잘 표현한다.

최적의 건강을 위해 꼭 지켜야 하는 활력과 면역력, 현재 나의 상태는 어떠할까?

여러분 인생에서 가장 활력 넘치던 때를 100점이라고 하면 현재 활력 점수는 몇 점인가?

80점 이상은 최상의 건강 상태이다. 충분히 자면 에너지는 충전된다. 60점에서 80점 사이면 약간 피로가 쌓여 있는 상태이지만 충분히 쉬면 에너지가 충전된다. 에너지가 60점 이하면 만성 피로가 진행된 상태이다. 이때부터는 적극적인 휴식과 영양 치료가 필요하다. 한두 가지 면역력 저하 증상이 나타난다. 이 시기에 적극적인 치료를 하지 않으면 만성 피로는 점차 심해진다.

30점 이하면 번아웃 단계이다. 기력이 없고 쉬어도 회복이 잘되지 않는다. 알 수 없는 복합적인 면역력 저하 증상이 나타난다. 일을 그만두는 정도의 집중적인 휴식 기간이 필요하다. 치료에도 상당히 오랜 시간이 걸린다.

점수에 따라 치료 경과나 회복 속도가 단계별로 다르다. 그러므로 자신의 현재 점수를 평가해보고 이에 맞는 최적의 건강 관리 계획을 세워보자.

활력 점수를 미토콘드리아 기능으로 평가하면 다음처럼 쉽게 해석할 수 있다. 에너지 점수가 40점이라면 미토콘드리아의 효율이 40%라는 뜻이다. 확률적으로 40%는 건강한 미토콘드리아이고, 60%는 병든 미토콘드리아라고 볼 수 있다. 60%의 병든 미토콘드리아는 비정상적인 활성 산소를 뿜어내고 면역력 저하와 병을 유발한다. 면역력 저하 증상이 있다면 그 부분의 세포나 장기에 활성 산소가 많이 축적되어 있으리라 예측된다.

나는 최적의 건강을 찾기 위해 미토콘드리아 치료에 집중했다. 항산화 영양 치료는 미토콘드리아 기능을 회복해서 환자들의 활력과 면역력을 높이는 데 많은 도움을 준다. 미토콘드리아가 건강해지면 모든 세포의 기능이 회복된다. 미토콘드리아 수가 많은 심근 세포나 근육 세포가 회복되면 심혈관 기능이 회복되고 운동 기능이 향상된다. 뇌세포가 회복되면 세포 노화인 치매나 파킨슨병을 예방하고 뇌 기능을 높일 수 있다.

건강한 미토콘드리아는 에너지 대사를 높여 체지방을 감소시킨다. 활성 산소를 줄여 면역력을 회복하므로 피부 면역도 개선된다. 세포 분열이 많은 모낭 줄기세포도 미토콘드리아가 건강하면 탈모가 줄고 모발이 빠르게 자란다.

나는 미토콘드리아를 건강하게 회복하여 셀룰라이트나 피부 면역력, 탈모 등에 도움 되는 항산화 조성물을 개발하여 9개의 특허를 출원했다. 이 치료에 미토콘드리아를 뜻하는 '세포의 생명 에너지, 뷔셀(Vital Energy of Cell, VECELL)'이라고 이름 붙였다. 뷔셀은 의미가 확장되어 저자가 만든 회사의 헬스 케어 브랜드가 되었다.

최적의 건강 스펙트럼을 설정하는 데 활력과 면역력을 높이는 미토콘드리아가 중요하다. 에너지 공장이자 활성 산소 공장인 미토콘드리아가 건강하면 건강 수명을 늘려 최적의 삶을 살 수 있다.

건강한 미토콘드리아로
에너지를 충전하고 면역력을 높이는 일곱 가지 최적의 습관

1. 일을 줄이고 충분한 휴식을 취하라.

충분한 휴식은 번아웃 증상을 치료하고 면역력을 높이는 첫 번째 방법이다. 중요한 것은 제때 적절하게 쉬는 것이다. 에너지가 60%라면 일의 효율도 60%라는 뜻이다. 에너지가 떨어지면 일의 효율도 떨어진다고 생각하고 과감하게 휴식에 투자해야 한다.

질병이 없고 활력이 충만한 최적의 건강을 원한다면 매일 아침 에너지가 80% 이상이 되도록 유지하는 게 좋다. 현재 에너지가 50%라면 일도 자신이 원하는 최대치의 50%로 줄여야 한다. 나머지는 에너지를 높이는

데 집중한다. 충분한 휴식은 일의 효율을 극대화한다.

2. 항산화 영양 치료를 해라.

항산화 영양 치료는 미토콘드리아의 기능을 회복하고 축적된 활성 산소를 없애는 데 휴식 다음으로 중요하다. 미토콘드리아의 에너지 대사를 높이고, 항산화제가 세포와 몸 곳곳을 다니면서 그을음을 없애고 녹스는 것을 방지해준다면 최적의 건강을 유지할 수 있다.

ATP를 생산하는 에너지 원료는 탄수화물, 단백질, 지방과 같은 거대 영양소이다. 이러한 에너지 대사의 보조 효소로 쓰이는 미량 영양소는 비타민, 미네랄, 항산화제이다. 이 미량 영양소가 부족해지면 미토콘드리아 기능이 저하된다.

비타민 B군, 마그네슘, 크롬, 알파리포산, 코큐텐, 엘 카르니틴 등이 중요한 미량 영양소이다. 이외에도 리코펜, 베타카로틴, 설포라판, 안토시아닌, 레스베라트롤, 퀘르세틴, 커큐민과 같은 항산화제들이 도움이 된다.

채소와 과일은 다양한 영양소와 함께 천연 항산화 영양소가 들어 있어 자연적으로 이상적인 배합을 이룬다. 그러나 세포 기능을 회복하기 위해서는 고함량의 항산화 영양제가 필요할 수 있다.

환자분들과 상담하다 보면 자신은 채소와 과일을 잘 챙겨 먹기 때문에 영양제는 필요 없다고 하는 분이 있다. 음식을 건강하게 섭취하는데도

기력이 떨어지거나 면역력 저하 증상이 있다면 영양제를 보충하는 것이 필요하다.

또는 반대로 영양제는 잘 챙겨 먹는데 바쁘다는 이유로 채소와 과일은 거의 먹지 않고 부실하게 음식을 먹는 경우가 있다. 영양제가 약을 대체할 수 없듯이 영양제가 자연이 준 선물인 음식을 대체할 수는 없다. 그러므로 건강한 음식과 항산화 영양제를 함께 섭취해야 한다.

3. 금식과 소식하라.

소식하거나 오랫동안 공복 상태를 유지하면 에너지 항상성을 유지하는 AMPK가 활성화된다. AMPK는 에너지 센서이다. ATP 생산이 줄면 AMPK가 활성화되어 에너지 생산을 늘리고 소비를 줄여 항상성을 유지한다.

AMPK는 병든 미토콘드리아를 파괴하고 새롭고 건강한 미토콘드리아를 늘린다. 그 결과 병든 미토콘드리아가 건강한 미토콘드리아로 교체되어 에너지 효율성을 높인다. 활력과 면역력이 저하될 때는 소식과 함께 12시간 정도의 공복 시간을 가지면 AMPK가 활성화되며 미토콘드리아 기능이 회복된다.

4. 유산소 운동하라.

운동은 미토콘드리아 수를 늘리고 기능을 향상하여 에너지 생산과 효율을 높인다. 운동은 산소 소모량을 늘려 미토콘드리아 활성화를 돕는다.

추천하는 운동으로는 고강도와 저강도 유산소 운동을 번갈아서 하는 방법이 있다. 심박수를 높이고 숨이 찰 정도로 빠르게 걷거나 뛰고, 중간에 천천히 걷는 유산소 운동을 하면 도움이 된다. 그 외에도 수영이나 자전거 타기, 필라테스 등도 도움이 된다.

5. 카페인을 줄여라.

커피와 같은 카페인 음료는 에너지를 고갈시킨다. 충분한 휴식 없이 카페인으로 무리해서 버티는 것은 번아웃으로 가는 지름길이다. 카페인은 무의식이 보내는 신호를 가려버리고, 미래의 에너지를 끌어다 쓴다.

가능하면 커피 대신 디카페인 커피나 카페인 없는 음료를 추천한다. 하지만 커피를 끊을 수 없다면 항산화 영양제로 미토콘드리아 기능을 회복하는 것이 좋다.

6. 무의식 속 부정적 에너지 소비를 줄여라.

정신적 스트레스는 무의식 속에 부정적 에너지를 쌓는다. 이러한 부정적 에너지는 불안, 우울 증상을 나타내고 정신적, 육체적 에너지를 고갈시킨다. 심리 상담, 명상과 같은 치유는 부정적 에너지 소모를 줄이고 긍정적 에너지를 충전시킨다.

7. 산소를 마셔라. 자연의 에너지를 채우라.

미토콘드리아는 산소 호흡을 하는 기관이다. 그러므로 충분한 산소는 미토콘드리아 기능을 회복하는 데 도움이 된다. 틈틈이 환기하고 맑은 공기를 충분히 마시는 게 좋다.

미토콘드리아는 전자의 이동으로 에너지가 만들어진다. 빛 에너지는 양자 에너지로 전자 이동을 활성화하여 미토콘드리아 기능을 높인다. 빛 에너지와 전자의 순환이 우리의 활력, 즉 생명력과 진화의 원천이라는 사실은 자연과 우주가 우리와 연결되어 있다는 것을 알려준다. 자연과 가까워져 자연의 에너지를 충분히 받는 건 미토콘드리아 기능을 회복하고 최적의 건강을 찾는 데 중요한 힐링 방법이다.

최적의 건강을 위해 가장 근본적인 문제를 꼽으라면 세포, 그중에서도 미토콘드리아의 생명력일 것이다. '세포의 생명력'은 비유가 아니라 과학이다.

우리 몸은 세포로 이루어져 있다. 몸이 좋지 않다는 것은 세포에 문제가 있다는 뜻이며, 더 정확히 말하면 미토콘드리아의 생명력과 연관이 있다. 가장 기본적인, 잘 먹고 잘 자고 잘 쉬고 잘 움직이는 것이 우리 몸 세포 하나하나의 생명력을 올려준다. 이는 우리의 활력과 면역력과 직결된다. 우리가 오늘 하루 얼마나 활기찼는지, 몸에 좋지 않은 증상이나 병이 없었는지는 모두 세포의 생명력이 결정하는 것이다. 최적의 건강을 위해 최적의 습관, 최적의 세포 상태를 만들자.

6

유전자로 미래를 예측하라

유전자 검사로 암을 예측할 수 있다면
- SNP와 가족성 암 유전자

30대 여성이 유전자 검사를 하고 싶다며 찾아왔다. 가족과 친척 중 간암이나 폐암 등에 걸려 돌아가신 분들이 많아 걱정되어 유전자를 확인하고 싶다고 했다.

그녀는 두 종류의 유전자 검사를 받았다. 하나는 평균 인구 대비 암에 걸릴 확률이 어느 정도 높은지 확인하는 SNP 검사였다. 다른 하나는 암에 걸릴 가족력이 높은 특정 유전자를 확인하는 가족성 암 유전자 검사였다.

그녀는 가족성 암 유전자 검사에서는 문제가 없었으나 SNP 검사에서 갑상선암에 걸릴 확률이 평균 인구 대비 1.8배가 높았다. 그녀는 이제까지 정기 검진에서 갑상선 초음파를 해본 적이 없었다. 그녀는 이 결과를 보고 갑상선 초음파를 했고, 1cm 정도의 혹을 발견했다. 혹은 다행히 암이 아닌 양성 종양이어서 주기적으로 초음파로 확인하기로 했다. 그녀는 이번 결과를 통해 갑상선암에 관심을 가지고 이를 예방하는 식습관을 따르기로 했다.

 최적의 건강 스펙트럼을 위한 대표적 검사가 유전자 DNA 검사이다. DNA 검사를 통해 내가 가진 유전적 취약함을 알고 질병이 생길 위험을 고려해 맞춤형 질병 예방을 할 수 있다.

 미국 여배우 안젤리나 졸리는 어머니가 유방암과 난소암으로 사망하고, 이모와 외할머니 등 친척이 유방암에 걸린 것을 보고 두려웠다. 가족성 암 유전자 검사를 한 결과 'BRCA'라는 유전자 변이가 나왔다. 이 유전자는 암에 걸릴 확률이 일반인에 비해 8배 이상 매우 높다.
 그녀는 40세에 유방과 난소 절제술을 받았다. 폐경을 곧 앞두고 있어 적절한 시기에 예방적 절제술을 한 것이다. 그녀의 선택은 유방암의 예방적 관리에 필요한 유전자 검사의 중요성을 세계적으로 알렸다.

 유전자 검사 결과에 따라 미래를 위한 대처 방식이 달라질 수 있다. SNP 검사의 유전적 변이는 상대적으로 질병에 걸릴 확률이 높지 않아 생활 습관 관리와 정기 검진으로 충분하다. 그러나 가족성 암 유전자 변이는 질병에 걸릴 확률이 높아 적극적 예방이 필요하다.

유전자 검사도 스펙트럼으로 해석하라

DNA 검사는 해석이 중요한데, 특히 이분법적 사고를 스펙트럼 사고로 전환하는 것이 핵심이다. 현재 질병을 진단하는 것이 아닌 확률적으로 예측하는 것이기 때문이다. 검사 결과는 병에 걸릴 확률을 의미하므로 현재의 생활 습관을 바꿔 최적의 미래를 향하는 데 쓰여야 한다.

DNA 검사 결과를 이분법적으로 받아들이면 여러 가지로 문제가 된다. 암 유전자를 가지고 있으면 정말 암에 걸릴까 봐 두려워한다. 또는 암 유전자가 없으면 다행이라고 생각하고 마음을 놓는다. 이런 이분법적 사고는 유전자 검사의 본질을 놓친다.

병의 원인은 유전과 환경, 즉 생활 습관의 다양한 조합에서 나온다. 유전자와 생활 습관은 서로 강하게 영향을 미친다. 이 둘의 관계는 유기적이고 복잡하며, 그 결과는 스펙트럼으로 나타난다.

질병 유전자가 있어도 생활 습관이 좋으면 질병 유전자의 발현을 억제해 병에 걸리지 않는다. 질병 유전자가 없어도 생활 습관이 나쁘면 유전자 돌연변이가 생겨 병에 걸린다. 즉 생활 습관 관리가 유전자만큼이나 중요하며 상호작용을 이해해야 한다.

유전자 정보를 아는 것은 최적의 건강을 위한 생활 습관의 방향을 찾는 것이다. 어떤 방향으로 관리해야 질병을 효과적으로 예방하는지 최적화된 길을 제시하는 것이다.

유전자 검사를 똑똑하게 활용하는 법

그렇다면 현재 유전자 검사는 어떻게 활용되고 있을까?

1) 질병 예측

유전자는 양쪽 부모로부터 물려받기 때문에, 사람들은 자녀 세대로 전해지는 유전 질환에 대해 관심이 많다. 부모님이 암에 걸려 돌아가셨거나 치매, 심근 경색, 뇌졸중이 있는 경우 자신도 이러한 질병을 일으키는 유전자가 있는지 궁금할 것이다.

유전적 변이로 인해 질환에 걸릴 확률이 높다고 나오면 실제 그 영향은 얼마나 될까? 얼마나 정밀하게 예측할 수 있을까?

이는 질환에 따라 다르다. 겸상 적혈구 빈혈증이나 혈우병처럼 희귀 유전자 질환의 경우에는 질환에 영향을 주는 원인 유전자가 명확하다. 이들의 경우는 유전자 검사로 조기에 진단하여 질병의 진행을 늦추거나 유전자 치료를 해볼 수 있다.

뇌졸중, 치매, 암처럼 생활 습관과 환경의 영향이 큰 경우는 유전자와 환경의 상호작용이 커서 유전자가 미치는 영향이 적다. 또 하나의 질환에 다양한 유전자가 함께 관여한다. 이 경우 유전자 검사 결과를 활용해서 생활 습관 교정의 동기와 방향을 잡도록 한다.

2) 생활 습관 교정

비만, 당뇨, 고지혈증, 고혈압과 같은 생활 습관병은 생활 습관이 가장 중요하나 유전적 요인도 영향이 크다. 가족 중 비만한 사람이 많으면 유전적 요인일 가능성이 높다. 이 경우 유전자 검사를 해서 생활 습관의 방향을 잡는다.

예를 들어 SNP 비만 유전자로 잘 알려진 FTO, MC4R, BDNF 유전자를 살펴보면 내가 왜 살이 쉽게 찌는 체질인지 알 수 있다. FTO 유전자 변이는 탄수화물을 지방으로 쉽게 바꿔주기 때문에 이 경우에는 저탄수화물 식사가 다이어트에 좋다. MC4R은 식욕을 조절하는 뇌 시상하부에 작용해 식탐과 포만감을 조절하는 유전자이다. 이 유전자 변이가 있는 경우 식욕 조절제의 적절한 사용이 도움이 된다. BDNF 유전자는 사회적인 스트레스나 우울증에 대한 보상 작용으로 폭식에 관여한다. 이 유전자 변이는 식욕 부진증, 폭식증, 비만을 유발한다. 그러므로 스트레스나 우울한 감정을 다스려 체중을 조절한다.

3) 약물 반응성 예측으로 부작용 줄이기

약은 잘 맞으면 큰 도움이 되지만 나한테 맞지 않는 약은 독이 된다. 유전체 정보를 분석하여 약물 반응성을 예측하면 맞춤 약을 처방하고 부작용을 줄인다.

예를 들어 위 식도 역류 치료에 사용하는 오메프라졸이라는 약은 CYP2C19 유전자 변이가 있는 경우 약물 대사 속도가 바뀌고 인체 내 약물 농도도 바뀐다. 그러므로 유전자에 따른 약물 농도 조절이 필요하다.

유전자 검사를 통해 나에게 맞는 적절한 농도의 맞춤 영양제를 선택할 수 있다. 예를 들면 비타민 D를 세포 안으로 들여보내는 비타민 D 수용체 단백질은 VDR 유전자에 의해 만들어진다. VDR 유전자의 변이가 생기면 세포 내 신호 전달에 문제가 생겨 비타민 D 흡수가 감소한다. 이 경우 비타민 D 섭취량을 늘려야 한다.

유전자 검사는 점차 정교한 맞춤형 검사로 진화할 것이다. 유전자 검사를 통해 미래를 위한 최적의 건강 스펙트럼을 설정해보자.

전체 DNA 중 유전자는 2%밖에 되지 않는다

유전자 검사는 과학 기술의 발달로 빠르게 발전하고 있다. 유전자를 잘 활용하기 위해 몇 가지 알아야 할 내용이 있다.

먼저 유전자는 세포에 필요한 단백질을 만드는 정보이다. 이러한 정보를 가진 유전자를 코딩 DNA(coding DNA)라고 한다. 놀랍게도 코딩 DNA는 전체 DNA의 2%밖에 되지 않는다. 나머지 98%는 비암호화 DNA(non-coding DNA)이다.

이전에는 비암호화 DNA가 쓸모없다고 여겨 쓰레기 DNA(junk DNA)라고 불렸으나 현재는 이들의 역할이 중요하다고 알려졌다. 이들은 유전자가 실제로 그 역할을 할지 말지를 결정하는 조절자이다. 이 조절자들은 환경과 밀접한 상호작용을 하는 것으로 알려졌다. 질병에 취약한 유전자가 있더라도 98%의 DNA가 이를 섬세하게 조절하므로 우리는 건강 관리를 통해 취약한 유전자를 잠재울 힘이 있다는 것이다.

우리는 2003년에 마무리된 인간 게놈 프로젝트를 통해 2만 개의 전체 유전자(코딩 DNA)를 다 찾아냈으며, 후에 이어진 ENCODE(Encyclopedia of DNA Elements) 프로젝트를 통해 98%의 비암호화 DNA를 분석하고 있다.

2만 개의 유전자를 검사하는 비용이 예전에는 고가였으나 현재는 가격이 점차 낮아지고 있다. 그러므로 유전자 검사를 통한 맞춤형 예방 관리는 앞으로 더 대중화될 것이다.

전체 DNA의 2%에 해당하는 코딩 DNA와 98%의 비암호화 DNA

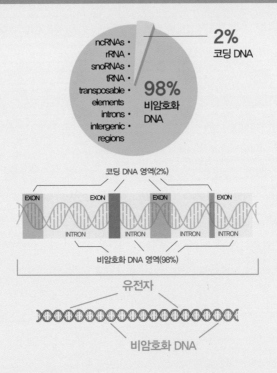

최근 미국의 프리딕티브(Predictiv)라는 회사가 개인의 2만 개의 유전자 정보를 검색할 수 있는 디지털 트윈 DNA 기술을 내놓았다. DNA를 디지털 정보로 저장하여 개인에게 필요한 유전자 정보를 검색해서 볼 수 있는 서비스로 더욱 정밀한 건강 처방을 내릴 수 있다.

회사 대표이자 존스 홉킨스 바이오인포매틱스(bioinformatics) 교수인 윤사중 대표님과 프레지던트인 윤시중 교수님은 쌍둥이이며 아버님의 위암 수술을 유전자 검사로 예방했다면 좋았을 거라는 생각에 회사를 차렸다고 한다. 현재 국내 진출을 시작했으며 저자는 대표님과의 인연으로 이 회사의 어드바이저로 참여하고 있다.

당신이 완전무결하게 건강하다고 믿는가?
최적의 건강은 생명력을 지속시켜나가는 과정이다.

Optimal Happiness

PART 3

OPTIMAL

— ✦ —

최적의 행복을
만나라

HAPPINESS

1

최적의 행복 스펙트럼을 설정하라

무의식 속에 행복이 있다

여러분은 언제 가장 행복한가?

누군가를 사랑하면 행복하다. 원하는 것을 얻으면 행복하다. 자식이 잘되는 모습을 보면 행복하다. 돈을 많이 벌면 행복하다. 회사에서 인정을 받으면 행복하다. 노래를 부를 때 행복하다.

다양한 대답이 있을 것이다. 하지만 그 이전에 이루어져야 하는 것은 내면의 평화로움과 행복이다. 자신을 사랑하고, 내면의 행복을 찾아야 남을 사랑하고 원하는 것을 이룰 수 있다.

내 안의 행복이 무엇인지 찾기 위해 내 마음, 무의식을 들여다보아야 한다. 마음을 모르면 해결되지 않은 감정들이 쌓여 답답하다. 묵힌 감정과 생각들을 하나씩 풀어나갈 때 내가 바라는 길이 보이고 그 길에 행복이 있다.

무의식을 들여다보고 그동안 쌓여왔던 상처와 트라우마들을 치유한다. 넘을 수 없는 벽이 있는 것 같아도 삶의 프레임인 성격이 바뀌면 불가능해 보이는 도전을 이겨낼 힘이 생긴다. 치유되고 맑아진 무의식이 자유롭게 열리면 내 영혼의 잠재력을 찾을 수 있다.

최적의 행복은 나를 찾는 과정이다

잠재력을 펼치며 세상의 흐름을 이해하는 것, 이것이 무의식의 진정한 힘이다. 무의식은 우리 몸과 마음의 모든 정보를 읽는다. 몸과 마음, 세포의 모든 정보는 지구, 태양의 빛 에너지와 연결된다. 논리적인 이성보다 설명할 수 없는 직관이 더 큰 힘을 발휘하는 것도 이러한 힘 때문이다. 이 흐름을 이해하려는 노력은 중요하다.

예컨대 인생의 정점에 선 이들은 나이가 들며 통찰력이 늘어난다. 이들은 일이 자기 뜻대로만 움직이지 않는다는 걸 안다. 인생이 세상의 순리를 따른다는 것을 겸허하게 받아들인다. 자연의 이치를 따르는 것이다. 나와 자연, 우주가 연결되어 있음을, 그리고 세상의 한 부분으로서 자기 역할을 이해한다. 잠재력은 나만의 것이 아닌 세상과의 연결을 통해 나온 것임을 인정한다.

자만이 아닌 단단한 자존감으로 세상에 잠재력을 펼쳐라. 내면을 깊게 이해하는 시간을 가져라. 창조적인 생각은 자신을 치유하는 데서 시작한다. 과거의 내면이 치유되면 미래의 그림을 그릴 수 있다.

최적의 행복은 무의식에서 나를 찾는 과정이다. 과거의 상처를 치유하고 현재의 감정을 이해하고 미래의 잠재력을 찾는다. 영혼과 맞닿은 잠재력은 사명으로 세상과 연결된다. 의식에서부터 무한한 가능성을 가진 무의식과 존재의 빛인 영혼까지 최적의 행복 스펙트럼을 설정하자. 세상과 연결된 무의식으로부터 잠재력을 찾고, 그 잠재력을 세상에 펼치자.

부정적인 감정은 무의식을 점령한다

사람들은 생각보다 많이 참는다. 사람들과 감정적으로 부딪힐 때, 하는 일이 잘 풀리지 않을 때, 다양한 상황에서 부정적 감정을 느끼더라도 매번 표현하지 않는다.

'나는 정말 저 사람이 죽이고 싶을 만큼 미워!'

이렇게 강렬한 감정은 겉으로 드러내면 안 되므로 무의식에 억누른다. 이렇게 참아온 많은 부정적 감정은 고스란히 남아 무의식을 점령한다.

무의식에는 인생의 기억이 쌓여 있다. 이는 사람의 정체성을 만든다.

이러한 '나'를 규정하는 정보 중에는 행복하고 좋은 추억도 많으나 감정적 상처와 트라우마도 많이 쌓여 있다. 정신적 외상이라 불리는 트라우마는 초기에 강렬한 정서적 충격으로 만들어진다. 이후 지속적인 자극을 받아 강도가 점점 세진다.

특히 어렸을 때 부모님과 관련하여 겪은 부정적 경험은 이후 선생님, 선배, 직장 상사를 만나 비슷한 상황을 마주하면서 점차 강화된다. 형제, 자매와의 심리적 갈등에서 비롯된 부정적 기억 역시 사회생활에서 비슷한 경험을 하게 되며 켜켜이 쌓인다.

부정적 감정은 실타래가 엉키듯이 커지면서 무의식 깊은 곳에 자리 잡는다. 이 때문에 우리는 이유도 모르고 사람들로부터 깊게 상처받기도 한다. 원인을 모르지만 불안하고, 우울하고, 마음이 지친다.

이러한 부정적 감정들로 무의식은 고유한 기능을 잃는다. 무의식의 본질적인 기능을 찾으려면 부정적 감정의 실타래를 풀어내야 한다. 부정적 감정이 계속해서 쌓일 때 정신적 스트레스가 생기는데, 이런 부정적 감정이 커지면 의지로 억누를 수 없어 분노 등으로 표출되기도 한다. 물론 화를 낸다고 해서 그 감정이 사라지지는 않는다. 그동안 쌓인 부정적 감정을 해소해야 한다. 그렇다면 어떻게 해야 할까?

무의식 속 프레임을 바꿔라

무의식에는 세상을 바라보는 틀이 있다. 이를 심리학적 용어로 프레임이라고 한다. 프레임은 세상을 해석하는 방식이다. 프레임에 따라 같은 현상도 완전히 다른 시각으로 바라볼 수 있다. 정치가 진보와 보수로 나뉘는 것이 대표적인 예이다. 같은 현상을 보고도 다른 시각으로 바라보며 각자의 주장을 펼치는 것이다.

그래서 프레임을 바꾸면 세상에 대한 관용과 이해의 폭이 넓어진다. 『오만과 편견』에서 읽을 수 있듯, 그릇된 선입견과 고정 관념은 사람들과 세상에 대한 불만을 낳는다. 사랑하는 사람과 아무리 사랑해도 성격 차이로 헤어진다. 성격은 인생을 바라보는 프레임이다. 자신의 프레임에서는 자신이 옳고 상대방이 틀리다. 둘 다 서로 다른 프레임으로 상대방이 잘못했다고 생각하니 해결이 나지 않는 것이다.

이 무의식 속 프레임을 바꿔주는 치료를 인지 치료라고 한다. 영화 〈인셉션〉을 보면 주인공이 다른 사람의 꿈속으로 들어가 무의식 깊은 곳에 있는 작은 생각 하나를 바꿔 놓는다. 그 결과 인생의 운명이 달라진다. 이렇듯 무의식의 프레임을 바꾸면 삶의 방향과 가치관이 달라진다.

무의식을 들여다보면 내가 어떤 프레임을 가지고 상대방을 보는지 이해할 수 있다. 누군가에게 화가 난다면 나의 프레임을 들여다보고 나와 상대방의 잣대를 비교해서 맞춰보자. 훨씬 유연한 사고방식을 가지게 된다.

무의식 깊은 곳에 있는 영혼의 빛을 느껴라

정신 분석 치료에서 하는 자유 연상이나 명상에서 하는 알아차림(awareness) 등은 무의식의 부정적인 실타래를 풀어내도록 돕는다. 융에 의하면 우리의 정신은 의식, 개인 무의식, 집단 무의식으로 나누어진다. 집단 무의식은 고대에서부터 현재까지 인류의 무의식이 연결된 것으로 정신의 아주 깊은 곳에 있다. 세계 곳곳에서 발견된 고대 신화가 교통이 발전하지 않았던 시대에도 서로 비슷하다. 우리가 꾸는 꿈속 상징들은 학습하지 않았음에도 공통의 의미를 지닌다. 집단 무의식에는 기억의 본질이라 할 수 있는 '원형'이 존재한다.

나는 22살 때 휴학을 하고 싶을 정도로 지쳐 있었다. 그때 합창부 선배님이었던 정신과 교수님을 찾아가 처음으로 남에게 말하지 못했던 깊은 상처를 꺼냈다. 자유 연상법을 배워 10년간 스스로 무의식을 관찰하며 부정적인 감정과 기억을 해소했다.

부정적 감정들은 엉켜 있었고, 그 에너지는 나를 짓누르고 있었다. 이를 풀 때마다 마음은 점차 가벼워졌다. 새로 생기는 부정적 감정을 쌓아두지 않고 바로 해소하려고 노력했다. 10년이 지난 어느 날 무의식이 맑아진 것을 느꼈다. 진흙탕이 사라지니 마음을 훤하게 볼 수 있었다. 다른 사람들의 무의식도 보이기 시작했다. 그 뒤로 10년간 그들이 자신의 부정적 감정과 트라우마를 치유하도록 도왔다.

최근 5년간은 바다 근처 리조트에서 웰니스 클리닉을 운영하면서 웰니스 전문가들을 많이 만났다. 그들은 영적 에너지를 가지고 있었다. 나는 그들의 에너지를 순수하게 느낀다. 무의식을 맑게 하여 20년이 지난 지금 무의식 가장 깊은 곳에 있는 영혼의 빛을 느낀다. 나의 원형은 빛의 에너지이다.

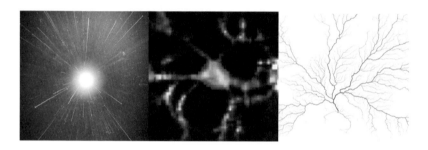

내 무의식의 원형: 빛의 에너지, 뇌의 창의 융합 시냅스, 모든 길은 로마로 통한다.

초당 100,000프레임으로 매핑된 쥐의 해마 뉴런에서 광학적으로 발생한 활동 전위 [9](가운데), 로마를 지나가는 486,713개의 도로 노선(오른쪽)

내가 만든 창의적 가설 중 하나로 창의 융합 시냅스가 있다. 내가 무의식적으로 자주 그리는 창의 융합 시냅스 그림은 코어를 중심으로 뇌의 시냅스가 방사형으로 뻗는 형태이다. 많은 정보와 에너지가 코어로 모이면 '모든 길은 로마로 통한다'는 말처럼 코어는 번성하게 된다.

무의식을 들여다본 결과 나는 이 그림의 원형이 영혼에서 나오는 빛의 에너지와 닮아 있다는 것을 알게 되었다. 내 이름에 '光(빛 광)'이 들어가는 것도 우연이 아니다.

무의식은 용서와 돌봄으로 치유된다

무의식은 어떤 방법으로 맑아지게 할 수 있을까?

정신적으로 힘들고 부정적인 감정을 느낄 때 실타래를 하나씩 풀어가 보라. 그 끝에 유년기적 상처가 드러날 수 있다. 상처를 치유하는 가장 좋은 방법은 용서이다. 상대방을 마음속으로 용서하고 상처받은 내면의 자아를 따뜻하게 보듬어주면 치유된다.

영화를 보면 꿈 같은 장면에서 과거의 어린 나를 만나 대화하고, 마음 을 풀어준 뒤 떠나보내는 장면들이 있다. 갈등을 해소했다는 뜻이다. 어 린 나에게 성인의 내가 부모처럼 사랑을 주면서 치유해줄 수 있다. 그러 면 과거의 부정적 감정이 현재에 영향을 미치지 않게 된다.

지금 사랑하는 배우자에 대한 분노는 부모에 대한 분노의 투영일 수 있다. 이를 투사라 한다. 누굴 투사하는지 알면 분노의 근원을 찾을 수 있다. 용서하고 치유하면 분노는 사라지고, 배우자에게 향하는 과한 분 노를 멈추게 된다.

나를 억누르던 부정적 에너지가 줄면 스트레스가 줄고 마음이 편해진 다. 화가 나거나 마음이 안 좋을 때 이 방법으로 근본 원인을 해결하면 마음이 맑아진다. 무의식을 점차 잘 들여다보게 된다. 무의식이 맑아지고, 세상과 연결되어 있다는 것을 느낄 수 있다.

최적의 행복의 첫 번째는 바로 무의식을 맑게 하는 것이다. 무의식을 맑게 하여 나를 찾는 여행을 떠나보자.

집단 무의식의 치유와 원형

꿈 또는 자유 연상법으로 무의식을 깊게 들여다보고 치유하는 방법을 정신 분석이라고 한다. 대표적으로 지그문트 프로이트(Sigmund Freud)와 칼 구스타브 융(Carl Gustav Jung)이 있다. 무의식에 관심이 많았던 나는 융의 심리 치료에 더 깊은 관심을 가졌다.

융은 집단 무의식의 기억의 본질, 즉 '원형'을 만다라라고 보았다. 만다라는 반복되는 패턴을 지닌 기하학적 그림으로 전 세계에서 사용한다. 융의 만다라는 의식과 무의식을 통합하여 진정한 자신을 찾고 우주와 연결되어 균형을 잡는 것을 의미한다. 융은 만다라를 그리면서 자신의 치유 에너지를 얻었다.

만다라 문양

이러한 집단 무의식도 치유가 필요하다. 민족 간 전쟁을 하며 겪은 상처가 고스란히 후대에 전달된다. 영국과 프랑스의 백년 전쟁, 이슬람과 기독교의 종교 전쟁, 유대인과 나치의 홀로코스트, 우리나라의 일제 강점기 등 민족 간의 갈등이 뿌리 깊은 이유도 이와 관련이 있다.

개인과 집단 무의식은 과거의 부정적 감정과 기억만 쌓여 있는 창고가 아니다. 부정적 감정을 깨끗하게 치우면 우주와 연결된 무한한 공간이 나온다. 그 중심에는 영혼이 있다.

3

감정은 날씨고 성향은 기후다

감정은 매일, 수시로 바뀐다. 어떤 날은 마음이 가볍고 행복하다. 어떤 날은 마음이 우울하다. 하루에도 기분이 여러 번 바뀐다. 사람에 따라서 감정의 폭을 크게 느끼는 사람이 있고, 감정의 변화가 단조로운 사람이 있다.

감정이 수시로 바뀐다면 성향은 일관적으로 나타난다. 긍정적이고 밝은 성향을 지닌 사람이 있다. 슬픈 일이 있어도 빨리 잊어버리고 미래에 대해 낙관적이다. 부정적이고 우울한 성향을 지닌 사람은 슬픈 일을 자주 회상하고, 미래에 대해 불안해한다.

매일 변화하는 감정이 날씨라면 일관적으로 나타나는 성향은 기후이다. 열대 지역에서는 비가 많이 온다. 남극 지역은 눈이 오거나 흐린 날이 많다. 하지만 남극 지역이 열대 지역처럼 더워지지는 않는다. 때문에 지역의 기후에 맞게 삶의 패턴이 생긴다. 눈이 많이 오는 곳은 지붕이 튼튼해지고 열기를 막기 위한 자재를 쓴다. 비가 많이 오는 곳은 환기가 중요시되고 범람을 막기 위한 기술이 발달한다. 이처럼 기후와 같은 성향은 내 삶의 일정한 대처 방식을 만든다.

그렇다면 감정과 성향은 어떻게 만들어지고 우리에게 어떤 영향을 미칠까?

감정과 성향, 우리 삶의 방식을 결정한다

나는 대학에 합격하자 해방과 자유의 기쁨을 느꼈다. 예과 2년 동안은 수험생 때 고생을 보상받는다는 기분으로 편안하고 즐거운 시간을 누렸다. 본과에 올라가자 180도 달라졌다. 엄청난 학습량의 압박이 대단했다. 짧은 시간에 많은 양을 공부해서 시험을 봐야 했다. 한 과목만 낙제를 받아도 1년 유급이었다. 실패에 대한 두려움은 생존에 대한 위협으로 느껴졌다.

실패하면 안 된다는 생각으로 공부했다. 고카페인 음료를 마시며 잠을 줄이고 공부에 몰입했다. 불안과 두려움은 공부에 집중하여 성적을 올리게 해주었지만 나를 번아웃으로 몰고 갔다.

내가 실패를 생존에 대한 위협으로 느끼고 두려움으로(감정을 통한 동기 부여) 번아웃이 될 정도로 공부를 했듯(문제 해결을 위한 의사 결정) 감정은 우리의 삶의 방식에 큰 영향을 미친다.

그 이유는 뇌가 판단을 하는 데 감정이 관여하기 때문이다. 뇌는 생존을 위한 본능적 욕구와 외부에서 오는 자극을 통합하여 목적 지향적인 삶을 산다. 이때 감정과 기억이 중요한 판단의 근거가 된다. 우리는 감정을 통해 본능을 느끼고 사람들과의 관계에서 사회적 정서를 형성하기에, 감정은 우리의 삶에 나침반이 된다. 즉, 감정이 없다면 우리는 무엇이 중요한지 판단할 수 없고, 원하는 선택을 할 수가 없다. 그러므로 감정을 온전히 이해하는 것은 중요하다. 그러나 감정에 부적절하게 반응하면 오히려 감정에 휘둘리는 삶이 되므로 주의해야 한다.

감정과 성향의 조절자, 뇌의 변연계

감정과 성향을 주관하는 곳은 뇌의 변연계(limbic system)이다. 'limbic'은 경계, 가장자리를 뜻하는 라틴어인 limbus에서 따온 말로, 의학에서는 해부학적인 구조의 경계를 뜻한다. 변연계는 대뇌피질과 뇌 속 깊은 영역을 연결하는 경계이다. 해마, 편도체 등으로 이루어져 감정, 기억, 동기 부여 등 여러 기능을 담당한다.

뇌 속 깊은 영역에서 생존과 관련한 본능적인 일들을 무의식적으로 처리할 때 변연계는 스트레스, 공포, 불안과 같은 감정을 대뇌피질에 전달한다. 대뇌피질은 감정을 통해 본능적 욕구를 느낀다. 이를 조절하여 동기를 부여하고, 문제 해결과 의사 결정을 할 수 있다.

변연계의 핵심, 편도체는 감정을 만든다

감정에 영향을 주는 중요한 뇌 부위로 변연계에 속해 있는 편도체(amygdala)가 있다. 편도체는 뇌의 다른 영역과 밀접하게 연결된다. 시상하부(hypothalamus)와 연결되어 스트레스에 대한 자율 신경계와 호르몬 반응을 만든다. 전전두엽과 연결되어 감정과 인지에 관여한다. 해마와 연결되어 감정과 장기 기억, 학습에 영향을 준다.

편도체와 다른 부위의 연결

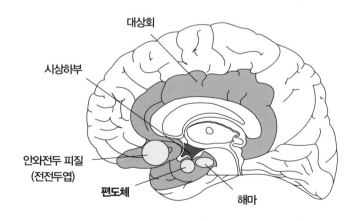

편도체는 전전두엽(prefrontal cortex)과도 연결되어 있는데, 전전두엽은 문제 해결과 의사 결정에 중요한 뇌 부위이다. 그래서 편도체에서 만들어진 감정은 전전두엽에 영향을 끼쳐 인지적 사고에 큰 영향을 미친다. 편도체는 특히 불안, 공포의 감정을 느끼게 하는 부위인데, 갑자기 큰 공포감이나 불안을 느끼면 사고가 마비된다. 편도체가 크게 활성화되어 전전두엽의 기능을 일시적으로 떨어뜨리기 때문이다.

좀 더 장기적으로 관찰해보자. 여러 정보를 통해 편도체가 불안, 공포를 느끼면 시상하부를 자극하고 교감 신경이 활성화되어 스트레스 반응이 촉진된다. 스트레스 호르몬과 아드레날린이 분출되며 심장 박동이 빨라지고 혈압이 오른다. 처음에는 싸울 준비를 하는 것처럼 기분이 고양될 수 있지만, 일이 쉽게 안 풀리면 분노와 불안의 감정이 느껴진다. 감당해야 할 스트레스가 크고 지속적이면 도파민과 세로토닌 분비가 감소하고, 정신적 탈진 상태가 된다. 무기력해지고 우울감을 느낀다. 이렇게 만성 피로 상태가 되면 불안, 우울 감정을 동반한다.

예를 들면 재난이나 큰 사고로 인해 겪게 되는 외상 후 스트레스 장애(post-traumatic stress disorder, PTSD)는 반복되는 외상성 기억으로 장기간 심한 불안감을 느끼고 괴로워하는 질환이다. 이 경우 편도체가 과활성화되어 있고, 전전두엽의 반응성과 활성도가 낮아져 있다.

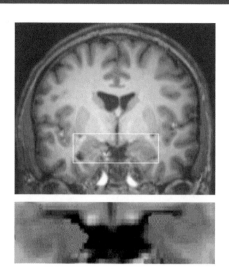

| 편도체는 네모 안에 위치하여 있으며, fMRI 검사상 두려움을 느끼면 아래 그림처럼 편도체가 활성화 된다.

이러한 편도체 반응의 지속성은 긍정적 감정과 행복감에 영향을 미친다. 미국 마이애미대학에서 연구한 'MIDUS(Midlife in the US)' 프로젝트는 수천 명을 대상으로 신체적, 정신적 건강을 조사한 것이다. 참여자 중 52명은 fMRI로 긍정 · 중립 · 부정 이미지를 볼 때의 뇌 활동을 측정하고 감정 변화를 관찰했다.

연구 팀에 따르면, 폭력 등 부정적 이미지를 볼 때 편도체 반응이 긴 사람은 부정적 감정을 기억하기 쉽고 행복감이 낮았다. 반면, 편도체 반응이 짧은 사람은 긍정적 감정을 기억하고, 장기적 행복감도 높았다. 즉, 편도체 지속성이 높은 사람은 위험을 감지했을 때 부정적인 감정이 증폭

되고 오래 이어지며, 그 뒤에 일어나는 일에도 부정적 영향을 받기 쉽다.

그렇다면 감정에 큰 영향을 끼치는 편도체 활성을 조절하려면 어떤 방법이 있을까?

1. 몸을 이완시켜 스트레스를 줄여라.

1) 평소에 부정적 생각을 많이 하고, 자주 불안하거나 우울하다면 스트레스에 대한 편도체 반응성이 높고, 과활성화되어 있다. 이 경우 근육이 긴장되고, 불면을 유발한다.

2) 몸을 이완하여 스트레스 강도를 낮추는 방법이 필요하다. 복식 호흡이나 스트레칭, 요가 등이 몸과 마음을 이완시킨다. 아로마 오일을 코로 흡입하는 아로마 테라피는 후각 신경이 변연계로 연결되어 감정을 편하게 한다.

3) 어떤 향이 좋은가? 인지 과학을 전공한 아로마 테라피 전문가 이경수 박사님께 여쭈어보니 내가 좋아하는 향이 가장 좋은 향이라고 한다. 컨디션과 상황에 따라 향이 바뀔 수 있다. 내 감정을 편안하게 하는 향이 편도체를 진정시킬 수 있다.

2. 꿈을 통해 무의식 속에서 부정적 감정의 원인을 찾아라.

감정은 자극에 대한 무의식적 반응이다. 내면의 불안과 부정적 생각을 깊이 들여다보면 기분이 나빠지는 이유를 알 수 있다. 하지만 오래 쌓인 감정은 원인을 잘 깨닫지 못한다.

이 경우 왜 기분이 나쁜지 자고 일어나 생각해보자. 무의식은 꿈을 통해 감정과 기억을 재조합하여 보여준다. 꿈은 상징적 매개체를 많이 이용한다. 의식적으로 꺼내기 힘든 깊게 억눌린 감정들을 여러 상징을 이용해 표현한다.

꿈은 누구나 경험하는 보편적인 상징으로 해석할 수도 있고, 개인의 주관적인 메시지로도 해석할 수 있다. 꿈은 나를 도와주는 조언자이다. 꿈의 의미를 해석해서 갈등을 해소하면 부정적 감정이 사라진다.

자고 일어나 꿈이 생각나지 않더라도 잠이 깬 직후 문제에 대한 해결책이 떠오를 수 있다. 중요한 것은 자기 전 부정적 감정을 해소하고자 하는 의지를 갖는 것이다. 뇌는 자는 동안 부지런히 감정과 기억을 재편성하고, 최적화된 답을 준다.

3. 뇌를 이완하라.

뇌를 이완하는 뇌파를 활용하는 것도 좋다. 멍때리기와 명상은 뇌파를 느리게 하여 생각의 이완을 유도한다. 멍때리기는 뇌가 스스로 활성화되는 시기이다. 이때 생각과 감정의 재조정이 일어나며 디폴트 모드 네트워크라고 한다.

명상은 '알아차림(awareness)'의 방법을 통해 나의 감정을 관찰자의 관점에서 바라본다. 왜 부정적 감정이 드는지 바라보며 근원을 찾는다. 명상은 편도체 반응성을 낮추고, 편도체와 전전두엽 연결을 증가시킨다. 이는 전전두엽의 감정 조절 효과를 높인다.

나는 가끔 화가 나고, 우울할 때가 있지만 그 이유를 당시에는 바로 알아챌 수 없다. 새벽에 잠에서 깨어 부정적 감정들을 되돌아보면 이유를 깨닫는 경우가 많다. 꿈에서 미처 깨닫지 못한 본능적 욕구를 알기도 한다.

얼마 전 나는 새로운 프로젝트를 구상했다. 이전부터 하고 싶던 일이었다. 나는 그 일에 몰입했고, 많은 아이디어가 생각났다.

그러던 어느 날 꿈을 꾸었다. 내가 탄 배에 물이 차 배가 가라앉는 꿈이었다. 나는 다시 떠올랐지만 배는 가라앉았다. 며칠 뒤 꿈에서 커다란 항공 모함이 떠올랐는데 수십 명의 사람이 구속되어 일하고 있었다.

배가 가라앉는 것은 일에 문제가 생긴다는 뜻이다. 새로운 프로젝트 구상으로 기존의 일에 차질이 생기고 커다란 항공모함이 떠오를 정도로 많은 일을 떠안게 되었다는 걸 의미한다. 그 안의 수십 명의 사람은 나의 자아로, 내가 해야 할 일이 많아졌다는 뜻이다.

문제는 구속되어 일하는 것인데, 이 일로 심리적인 부담을 많이 느낄 거라고 무의식이 메시지를 보내고 있었다. 무의식은 미처 느끼지 못한 정신적 압박을 미리 경고해주었다. 나는 그 일을 마음속에서 미뤄두고 당장의 일에 집중할 수 있었다.

꿈이 기억나지 않아도 된다. 꿈이 아니더라도 새벽에는 좀 더 깊이 내면의 나를 만난다. 내면의 갈등은 이전 기억과 연결되어 근본 원인을 해소하기도 한다. 갈등이 있는 사람과 화해하고, 어렵다고 느낀 문제는 더

수월하게 풀 수 있다.

감정은 복잡한 정보들을 받아들이면서 느끼는 필연적 반응이다. 감정을 통해 우리는 최적의 방향을 선택할 수 있다. 좋은 선택은 긍정적이고 밝은 성향을 만든다. 감정과 연결된 기억을 통해 내면을 이해하면 인생을 현명하게 살 수 있다.

감정은 삶의 조언자이자 안내자이다. 감정을 조절하여 무의식을, 최적의 삶의 방식을 선택하라.

4

빛나는 잠재력을 찾아라

무의식의 창조적 공간을 활용하라

지금까지 이야기한 무의식은 과거의 트라우마가 깊게 묻혀 있는 곳, 현재의 나의 감정을 들여다볼 수 있도록 꿈을 통해 메시지를 보내는 곳이다. 그러나 무의식은 감정만 담는 그릇이 아니다. 하루의 3분의 1, 자는 시간에 진정한 무의식이 발현되면 우주가 펼쳐지고 무한한 창조와 융합의 공간이 된다. 자는 동안 뇌는 여러 영역이 활성화되고 연결되면서 정보를 재편성하고, 많은 문제를 해결한다. 자는 동안 뇌는 의식으로부터 자유로워져 훨씬 더 많은 일을 한다.

여러분은 완벽주의자인가? 일할 때 완성도를 높이려다 보면 완벽하게 해내려는 성향이 생긴다. 완벽하게 하려 한다는 것은 일의 범위를 한정적으로 가두는 것이다. 잠재력은 완벽한 성공을 바라는 게 아니라 무한하다고 느낄 때 확장된다. 무의식을 활용한다면 가능성은 무한하다.

우리는 무의식을 얼마나 활용하고 있을까? 우리는 뇌의 1%도 사용하지 못하고 있다는 비유를 들어봤을 것이다. 쓰지 못한 나머지 99%는 바로 무의식을 뜻한다. "뇌의 10%만 써도 아인슈타인이 되었을 거야!"라고 농담처럼 얘기하는 바로 그 힘을 쓰지 못하는 이유는 무엇일까?

중요한 이유 중 하나는 바로 트라우마와 부정적 감정들이다. 앞에서 이야기했듯, 감정이 기억과 인지 능력에 미치는 영향은 매우 크다. 부정적인 생각들은 우리의 무의식의 큰 부분을 차지하고 많은 정신 에너지를 소모한다. 의식적으로 감당하지 못하고 억누른 트라우마와 부정적 감정을 무의식이 감당하느라 자신의 기능을 제대로 수행하지 못하기도 한다.

그러므로 트라우마로 봉인되어 있는 에너지를 열어야 한다. 그 에너지는 무한한 창조 에너지이다. 무의식의 공간에서 트라우마와 부정적 감정이 줄어들수록 창조와 융합의 에너지는 더 커진다.

우리 무의식에 인피니티 스톤이 있다면?

시대를 풍미한 영화가 있다. 할리우드 마블(Marvel) 시리즈이다. 마블 시리즈는 지구와 우주를 지키는 영웅들의 이야기이다. 이 영화에는 미래에 있을 법한 최신 기술들이 많이 나온다. 최첨단 슈트를 입은 아이언맨은 인공 지능 비서 자비스와 함께 우주를 날아다닌다. 개미처럼 작아지는 앤트맨은 양자 역학을 이용해서 눈에 보이지 않는 미시 세계에 들어가거나 과거로 돌아가 과거를 바꾸기도 한다.

시리즈 중 우주 영웅들이 총출동하여 우주 최강 악당인 타노스와 싸우는 〈인피니티 워〉가 있다. 우주에 있는 인피니티 스톤 6개를 모으면 소원을 들어주는데 우주 절반의 생명체를 사라지게 할 정도의 힘을 지녔다는 설정이다.

영화 〈어벤저스 – 인피니티 워〉 포스터

인피니티 스톤은 우주의 대폭발로 인해 만들어진 우주의 본질로서 무한한 에너지를 가진다. 현실을 조작하는 리얼리티 스톤, 영혼 세계로 들어가는 소울 스톤, 정신을 조작하는 마인드 스톤, 시간을 조작하는 타임 스톤, 공간을 조작하는 스페이스 스톤, 모든 물체를 파괴하는 파워 스톤이 있다.

우리도 무의식이라는 내면의 우주 속에서 이러한 인피니티 스톤들을 찾을 수 있다. 우리의 꿈만 해도 이러한 모든 인피니티 스톤이 발휘되는 공간이다. 상상이 영화 같은 가상 현실이 되고, 시간을 거꾸로 달리고, 영혼을 만나기도 하고, 공간이 바뀌기도 하는 이 모든 일들이 가능하지 않은가! 우리의 상상력은 무한하고 새로운 것들을 창조한다.

우리가 가진 인피니티 스톤은 무의식이라는 내면의 우주에 숨어 있는 잠재력이기도 하다. 영혼의 빛인 인피니티 스톤은 무의식 어딘가에 숨어 우리가 찾아주길 기다리고 있다. 창조적 잠재력은 세상의 흐름을 이해하고, 과거, 현재, 미래와의 연결 속에서 삶의 목적과 인생의 방향을 찾아낸다. 현재와 미래가 이러한 잠재력이 이끄는 대로 가는지 살펴보아야 한다. 아직 잠재력을 찾지 못했다면 남은 인생의 시간에 찾아보길 바란다.

창조적 에너지와 잠재력 찾기
- 무의식은 당신에게 답을 준다

무의식의 트라우마와 부정적 감정을 치유하면 창조적 에너지와 잠재력을 찾을 수 있는가?

그렇다. 나는 20년 동안 이러한 변화를 경험하였다. 트라우마와 부정적 감정이 사라질수록 무의식은 자유로워지고 매일 새벽 자고 일어나면 창조적 아이디어를 쏟아내었다. 밤에 11시경 잠이 들면 새벽 2시에서 5시 사이에 깬다. 잠이 덜 깬 그 시간은 무의식과 의식의 중간쯤 된다.

그 시간에 전날 고민했던 문제의 답을 무의식으로부터 받았다. 무의식은 생각지도 못한 방향으로 문제를 해결했다. 그 해결의 방안은 과거에 잊고 있던 생각을 연결하거나 아르키메데스의 유레카같이 새로운 연결이기도 했다. 창조는 무의식의 연결, 융합에서 비롯되었다.

의식적으로 해결되지 않는 복잡한 문제들을 무의식이 해결해준다는 건 멋진 일이다. 무의식은 내가 지금 이 시기에 해결할 수 있는 최적의 답을 내려준다. 그 답의 결과가 실패인지 성공인지는 항상 예측할 수 없지만 적어도 그 길이 지금에서는 최선이라는 것을 안다.

나는 상담을 통해서도 이를 경험하였다. 환자가 심리적 스트레스를 강하게 받는 경우 부정적 감정을 들어주고 갈등을 해소해준다. 갈등이 해소되고 심리적 치유가 되면 이들이 가진 잠재력에 대해 상담한다. 이들은 다양한 잠재력을 가지고 있다.

영리하고 마음이 따뜻한 분이 있었다. 그는 영혼에서부터 나온 잠재력으로 브랜드를 만들고 사업을 시작했다. 그의 제품은 하나하나 의미가 아름다운 작품이다. 전시회에 나와의 상담 내용이 들어간 작품이 있었다. 그의 무의식 속 영혼은 아름답게 승화되어 있었다.

잠재력은 당신의 경쟁력이 된다

사람들은 일은 안정적으로 돈을 벌기 위함이기 때문에 잠재력과는 거리가 멀다고 생각한다. 그러나 자신이 가진 잠재력으로 일하는 것과 돈 버는 일이 대립하지 않아야 한다. 두 가지가 합쳐질 때 진정한 의미의 행복한 직업이 완성된다.

일은 돈 벌기 위해 하는 것이고, 자신이 원하는 일은 취미로 하라는 고정 관념이 깨질 때가 왔다. 자신이 가진 잠재력을 활용하여 가장 잘하고 좋아하는 직업으로 성공하는 시대이다. 이러한 힘은 요즘 같은 경쟁 시대에 강력한 경쟁력을 지닌다. 그것이 이 책의 후반부에서 이야기할 '휴먼 브랜드'이다.

대표적인 예가 유튜브 크리에이터이다. 유튜브 크리에이터는 자신이 좋아하는 소재를 가지고 영상을 촬영해서 돈을 번다. 초등학교 희망 직업 3위가 유튜브 크리에이터라는 것을 생각해보라. 아이들은 그것이 즐겁게 돈 버는 일이라는 것을 본능으로 안다. 요즘 유튜브는 크리에이터를 넘어 개인 브랜드 마케팅의 필수가 되었다. 유튜브 조회 수가 잘 나와서 마케팅 효과를 내려면 개인만의 개성과 잠재력이 있어야 한다.

직업을 선택한 동기나 자아실현의 목적을 찾아 함께 일하면 직장의 생산성도 높아진다. 직장 내 심리적 갈등을 해소하는 시간도 필요하다.

기억에 남는 상담은 내 병원의 직원들이다. 내가 항상 묻는 것은 '직업으로서의 전문가가 아닌 당신 자신이 가지고 있는 잠재력은 무엇입니까?'였다. 놀라운 것은 많은 이들이 이런 질문을 처음 받아본다는 것이었다. 고민해본 적이 없어서 답을 모른다는 사람이 대부분이었다. 자신이 가진 잠재력에 대해 고민해본 적이 없는데 어떻게 자신에게 잘 맞는 직업을 찾겠는가?

이들은 내가 그랬던 것처럼 성실하고 사회에 순응하며, 어른들의 말을 잘 들어 여기까지 왔다. 이들은 내 병원에 와서 그런 고민을 진지하게 하기 시작했다. 초등학생부터 대학생, 20대, 30대가 모두 겪는 이 현실은 너무 당연해서 문제인지도 잘 모른다. 하지만 인생을 돌아보고 최적의 삶을 살고 있는지 묻는다면 문제가 될 수 있다.

많은 아이와 학부모들이 어릴 때부터 의대를 목표로 공부한다. 의대 가려는 학생 중에 진정 의사로서 잠재력이 있어 선택한 이들은 얼마나 될까? 의사는 '불황의 시기에 안정적으로 돈을 잘 벌 수 있는 직업'의 다른 뜻이 아닐까?

많은 이들이 같은 목표를 가지면 가장 안타까운 건 끝도 없이 경쟁해야 한다는 것이다. 잠재력으로 선택한 길이 아니므로 남들보다 더 많이 노력하는 방식으로 경쟁에서 승리해야 한다. 이는 정신적, 육체적 번아웃을 만들고 삶의 목적을 잃게 만들 수 있다.

경쟁자가 많아질수록 의대에 갈 확률은 줄어든다. 결국 소수를 제외하고는 실패하게 된다. 그들이 의사가 되는 길 대신 타고난 잠재력을 소중히 한다면 더 강한 경쟁력을 가질 것이다. 진정한 자신의 길이라는 믿음을 가지고 최적의 삶을 살 수 있다.

이제 우리는 '내가 남들보다 얼마나 뛰어난가?'를 고민하며 서로를 비교하며 상처받을 필요가 없다. '나는 남들과 무엇이 다른가? 무엇을 잘하는가?'를 깊게 고민해야 한다. 이러한 차별화와 개성은 자신의 브랜드이자 경쟁력이 된다. 그 길은 성공적인 최적의 삶이다.

몸과 마음, 영혼을 연결하라

인공 지능과 관련한 영화가 많이 나온다. 인간의 상상력은 영화 속에 나오는 인공 지능 인간에 자유 의지, 즉 영혼을 부여한다. 하지만 그 영역이 가능할까? 영혼은 인간이 지켜야 할 마지막 보루이다.

나는 영혼에서 나오는 잠재력으로 최적의 삶을 사는 사람들을 '영혼의 휴먼 브랜드(Human brand with soul, HBS)'라고 부른다.

가장 신경 쓴 단어는 영혼이었다. 영혼은 어려운 주제이다. 영혼이라는 단어가 종교적으로 들리기 때문이다. 그럼에도 영혼이라는 단어를 쓴 이유는 인공 지능이 가지지 못한 마지막 영역, 인간의 존재로서의 의미를 가지기 때문이다. 인공 지능은 인간의 고차원적인 지성을 모방한 기계이다. 강인공지능이 발전함에 따라 인간의 고유한 영역은 영혼과 존재의 영역만 남게 되었다.

1. 종교와 과학

나는 종교가 없다. 어릴 적에 친구들을 따라 교회를 다녔다. 집 근처에 삼성동 봉은사가 있어 부처님께 절하고 자주 놀러 다녔다. 집에서는 조상님께 제사를 지내고 유교식 교육을 받았다. 그중에 그 무엇도 진정으로 믿은 적은 없기에, 내 영혼에 대한 사유는 융의 심리학과 양자 물리학의 영향을 받았다고 할 수 있다.

휴먼 브랜드와 치유에 대해 말하면 사람들이 영적인 삶을 많이 떠올린다. 나는 종교에 대해 아는 바가 잘 없으므로 조금 난감하다. 내가 말하는 영혼은 애니메이션 영화 〈소울〉에 나오는 정도로 보편적인 것이라 생각하면 좋겠다.

영화 〈소울〉

영혼은 과학으로 증명하기 어려운 분야이다. 과학적 사실만 말해야 할 의사로서 이를 논하기는 쉽지 않다. 그러나 인간을 중심으로 학문을 융합한다면 영혼에 대한 학문은 종교이며 이 내용이 빠져서는 안 된다.

학문으로서의 종교는 역사이며, 문화이다. 역사적으로 종교는 자연에 정령(anima)이 있다고 믿는 자연 숭배 사상인 민간 신앙과 신화에서 시작했다. 영화 〈아바타〉가 그 예이다.

유럽은 그리스-로마 신화를 거쳐 기독교가, 아시아는 유교, 불교, 이슬람교가 자리 잡았다. 유럽은 르네상스 시대에 종교 개혁과 과학 혁명을 거치며 영적 사고에서 과학적 사고로 세계관이 바뀐다.

과학 중심의 사고는 눈에 보이는 물질 중심적 사고이다. 20세기에 들어서야 눈에 보이지 않는 미시 세계에 대한 양자 물리학의 개념이 나타났다. 후성 유전학을 연구하는 미국의 발달 생물학자인 브루스 립튼

(Bruce Harold Lipton)은 중세가 지나치게 영적인 삶이었다면 현대는 지나치게 물질적인 삶이라고 지적한다. 이러한 양극단의 삶은 문제가 된다. 영적인 삶과 물질적인 삶이 균형을 찾아야 한다고 말한다.

종교와 과학을 융합하려던 시대가 있었다. 바로 근대이다. 유럽 근대의 철학자들은 인간의 이성을 중시하며 논리적 사고를 발전시켰다. 그 당시 종교는 사람들에게 많은 영향을 끼치고 있어 종교적 학문을 과학적 사고로 융합시키고자 노력했다.

대표적인 사람이 철학자인 라이프니츠와 심리학자인 융이다.

1. 라이프니츠의 모나드 이론과 양자 에너지

라이프니츠(Gottfried Wilhelm von Leibniz, 1646~1716)는 17세기 독일의 수학자, 물리학자이자 심리학자, 철학자이다. 라이프니츠는 아이작 뉴턴과 같은 시대에 미적분을 창시했고 물리학에서는 에너지 보존 법칙을 구상했다. 심리학에서는 근대 프로이트와 융 이전에 무의식을 생각해 냈다. 철학자로서 중요한 업적은 최소 단위 입자인 모나드를 기초로 한 단자론(Monadologia, 1720)을 제시한 것이다.

모나드는 우주를 더 이상 나눠지지 않을 때까지 쪼개었을 때 남는 최소한의 입자이다. 원자의 개념과 달리 모나드는 물질이 아니라 정신적 실체, 혹은 영혼이다. 영혼의 모나드는 육체 모나드의 상위 개념으로 연결된다.

라이프니츠는 종교의 신의 세계와 과학의 자연 세계, 정신과 물질, 당시 30년 종교 전쟁에서 대비되는 선과 악의 의미를 조화로운 관점으로 통합하려 했다. 신은 정신과 물질을 연결하는 무한한 모나드와 우주를 창조했다. 신은 모든 가능한 세계 중 최선의 세계를 택한다. 그러므로 선과 악이 일어나는 현실 역시 신에 의해 예정된 조화로운 최선의 질서이다.

라이프니츠의 모나드 이론을 듣고 생각나는 것은 양자 에너지이다. 양자는 모나드처럼 더 이상 쪼갤 수 없는 가장 작은 에너지의 단위이다. 양자는 파동과 입자로 되어 있고, 파동은 눈에 보이지 않는다. 양자 의학에서는 몸과 마음이 양자 파동의 생체 정보로 연결이 된다.

양자 물리학에서는 다중 세계를 설명하며, 양자 컴퓨터는 최적화된 조합을 찾아낸다. 양자 물리학은 우리가 생각하는 정신과 육체, 영혼의 의미를 연결하고, 종교와 과학을 연결해주는 매개체일 수 있다.

2. 융의 동시성 원리와 양자 얽힘

스위스의 정신의학자이자 심리학자인 융(Carl Gustav Jung, 1875~1961)은 무의식을 연구한 분석 심리학의 선구자이다. 그는 자연과학, 역사, 철학에 관심이 많았고, 의학을 공부한 뒤 정신과 의사가 되었다. 그의 아버지는 신앙이 깊은 목사로 융은 아버지와 많은 대화를 나누었다. 이를 통해 융은 신의 본질에 대한 철학적 고민을 하다가 무의식을 연구하였다.

융은 우리의 마음은 의식, 개인 무의식, 집단 무의식으로 되어 있는데, 그중 집단 무의식은 동시성(Synchronicity)의 원리를 가진다고 주장하였다. 동시성이란 둘 또는 그 이상의 사건들 사이에 아무런 인과 관계가 없으나 비슷한 의미가 있으며, 같은 시기에 공간을 초월해서 발생하는 것이다. 특히 어떤 계기에 한 개인의 정신적 상태와 외부적 사건 사이에 일치가 발생하는 것을 의미한다.

예를 들어 A라는 사람이 오랫동안 만나지 않은 B가 생각나 전화를 걸려고 생각했는데 갑자기 B에게 전화가 오는 현상을 경험한다. 또는 꿈에서 멀리 있는 지인과 이별하는 꿈을 꾸었는데 다음 날 아침 그 사람이 사망하였다는 소식을 듣는다.

또한 비슷한 꿈, 무의식, 생각들이 동시에 여러 곳에서 일어난다. 융은 각 민족의 종교와 신화를 수집하면서 세계 여러 대륙의 종교 및 신화가 비슷하다는 것을 알게 된다. 이를 통해 인류에 집단 무의식이 존재하여 시공간을 초월하여 교신하는 동시성을 가진다고 주장하였다.

집단 무의식은 사람이 진화한 모든 기억이 저장되고, 동시성의 원리에 따라 시간과 공간을 초월해 전파되어 전 인류가 동일한 기억을 가진다. 집단 무의식은 전 인류의 의식을 하나로 연결하고, 우주와 연결된다.

미국의 천체 물리학자인 빅터 맨스필드(Victor Mansfield, 1941~2008)는 융의 분석 심리학과 동양 철학에 관심을 가졌다. 그는 융의 동시성 원리를 양자 물리학의 양자 얽힘, 비국소성 원리와 연결 지어 설명하였다.

몸과 마음, 영혼의 연결은 양자 의학에서도 찾을 수 있다. 양자 의학은 양자 물리학을 인간에 적용한 의학이다. 즉 양자 에너지와 파동을 통해 몸과 마음의 건강을 살피는 학문이다.

양자 의학에 따르면 몸과 마음, 영혼에는 양자 파동장이 존재한다. 이 양자 파동장에 의해 몸과 마음, 영혼이 연결되어 생체 정보를 주고받는다. 두 파동의 진동이 잘 맞는 것을 결맞음이라고 한다. 파동의 결맞음이 잘 맞으면 몸이 건강하며, 결맞음이 맞지 않으면 노화와 질병이 생긴다.

양자 파동장에 의해 마음이 몸에 직접적인 영향을 줄 수 있다. 부정적인 생각은 건강에 부정적인 영향을 미친다. 무의식 깊은 곳에 있는 트라우마나 삶에 대한 많은 기억이 건강에 크게 영향을 미친다.

양자 에너지는 몸과 마음, 영혼, 그리고 환경을 모두 연결한다. 심리적으로 행복하고, 만나는 사람들, 환경과의 양자 파동의 결맞음이 잘 맞을 때 비로소 최적의 건강과 행복을 이룬다.

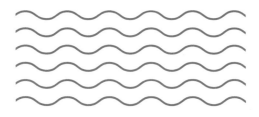

결맞음이 높은 양자 파동장

결맞음이 교란된 양자 파동장

종교를 해석하는 데 있어 양자 물리학이 얼마나 관련이 되어 있을까? 양자 물리학이 과학과 종교를 연결해줄 수 있을까? 쉬운 질문은 아니다. 종교와 과학의 세계관은 계속해서 대립해왔고 정신과 물질 세계의 두 축이었다.

가장 과학적인 인공 지능이 인간의 정신과 영혼에 대한 주제를 계속 이끈다. 인간의 정체성을 이해하고 기계와 조화로운 최적의 삶을 이루기 위해 두 학문의 융합이 필요하다면 양자 물리학이 그 연결 고리가 될 수 있다.

동시성의 원리와 양자 얽힘

양자 얽힘은 공간적으로 분리된 두 전자 사이에 상호작용이 있다는 것이다. 두 전자는 얽혀 있어 한 전자를 관측하면 다른 전자의 관측 결과가 영향을 받는다. 이는 전체 우주가 단 하나의 파동 함수를 가지기 때문이다.

두 전자는 입자로서는 멀리 떨어져 있지만 파동의 에너지는 연결되어 상호작용을 한다. 이를 공간을 초월한 비국소성 원리라고 한다. 그래서 우리의 집단 무의식도 양자 에너지의 파동에 의해 인류의 의식을 연결하고, 우주와 연결된다.

양자 얽힘 현상은 알랭 아스펙트(Alain Aspect), 존 F. 클라우저(John F. Clauser), 안톤 차일링거(Anton Zeilinger)에 의해 실험적으로 증명이 되었고 이들은 2022년에 노벨 물리학상을 받았다.

2. 정신과 영혼 - 사명

그렇다면 우리가 가진 정신과 영혼은 어떻게 다른 것인가?

정신이 내가 하는 모든 생각들, 그리고 뇌에서 일어나는 활동이라면, 영혼은 존재를 의미한다. 죽음을 통해 몸으로부터 분리되는 '나'를 지칭하는 실체이다. 영혼은 목적을 가지고, 내 삶을 이끄는 존재이며, 정체성이다.

영혼은 빛이라고 표현하며, 정신이 가지고 있는 미움, 분노와 같은 부정적 감정이 없다. 종교에서 영혼은 사랑을 한다. 자기애, 인류애, 지구애, 우주애이다. 그 에너지는 무한하며, 우주와 연결된다. 그래서 영혼의 목적은 크건 작건 사명을 띤다.

역사적으로 종교에서 영적인 사명을 가진 삶을 산 사람은 잔 다르크다. 프랑스-영국 백년 전쟁에서 프랑스의 승리를 위해 여자의 몸으로 군대를 이끌어 오를레앙 전투를 이기고, 샤를 7세가 왕위에 오르도록 도왔다. 이는 조국애를 가진 사명이다.

최첨단 과학의 정상에 있는 기업가도 사명을 가진다. 일론 머스크는 인류의 미래를 위해서 화성으로 이주하겠다는 꿈을 가지고 사업을 한다. 이는 솔라 시티의 태양광 에너지 개발과 스페이스 X의 우주선 개발로 이어진다. 이는 인류애를 가진 사명이다.

스웨덴 환경 운동가인 그레타 툰베리는 15세에 기후 변화에 위기를 느껴 환경 운동을 시작했다. 16세에 125개국에서 '기후를 위한 학교 파업 시위'를 주도했다. 유엔 정상 회의에서 연설하여 유명해졌으며, 노벨 평화상 후보로 거론되었다. 이는 지구애를 가진 사명이다.

역사적 인물이 아니더라도 크건 작건 사명을 가진 사람들이 많다. 기부하는 사람들도 사명을 가진다. 어려운 사람들을 돕겠다는 인류애로 자신이 번 돈을 사회에 기부한다.

돈을 벌기 위해 일하는 사람들은 개인적인 사명을 지닌다. 그들은 본인의 삶과 가족들의 생계를 책임지기 위해 일한다. 즉 자기애와 가족애가 사명으로 발현된다.

사명이라는 것은 거창한 것이 아니다. 자신이 가진 영혼의 잠재력이 세상에 선한 영향력을 미친다면 그것이 사명이다. 이는 사랑의 에너지로 세상에 전달되며 삶을 이끌어가는 목적이 된다. 잠재력으로 사명을 이루는 삶은 충만하고 사랑이 넘치며 자존감을 높인다.

사명을 지닌 삶은 운명을 스스로 개척하고 최적의 삶을 살도록 무의식에 메시지를 보낸다. 잠재력에 따른 사명을 찾는 것은 충분히 가치 있는 일이다.

나는 무의식을 탐구하면서 자연스럽게 영혼에서 나오는 사명을 지니게 되었다.

내 사명은 나와 내 사람들의 몸과 마음을 치유해서 건강하고 행복하게 오래 살도록 돕는 것이다. 모든 시작은 나로부터 시작되어야 한다. 나를 치유하는 것은 모든 사람을 치유하는 근간이 된다. 그것이 진정한 치유의 힘을 만들어낸다.

최적의 건강을 위해서는 병이 생기기 전에 치유하는 게 중요하다. 그래서 통합의학을 선택했다. 예방적 건강 관리를 통합한 플랫폼을 만들며, 사람들의 건강 수명을 늘리기 위해 노력하는 것이 건강 주치의이자 헬스 케어 전문가로서 가야 할 길이다.

최적의 행복한 삶을 위해서는 심리적으로 행복하고 긍정적인 인간관계를 맺으며 시대에 부합한 개인의 정체성을 실현해야 한다. 심리학과 뇌과학 연구를 바탕으로 잠재력을 드러내는 휴먼 브랜드가 되길 원하는 사람들을 돕고자 한다.

이러한 사명을 통해 최적의 삶을 위한 4 O.H.가 만들어졌다.

최적의 건강(Optimal Health),

최적의 행복(Optimal Happiness),

최적의 관계(Optimal Hospitality),

최적의 인간성(Optimal Humanity)은

최적의 삶(Optimal Life)을 이룬다.

3. 정신과 영혼 – 사랑과 치유

영혼 에너지는 정신 에너지보다 더 깊은 곳에 있다. 지구의 구조로 비교했을 때 의식이 지각, 무의식이 맨틀이라면 영혼은 가장 중심인 핵에

해당한다. 그러므로 우리는 영혼보다 정신 에너지를 더 쉽게 자각한다.

영혼은 지구 내부의 핵에 해당한다.

  내가 누군가에게 부정적인 감정인 미움이나 분노가 생겼다면 그건 정신 에너지이다. 더 깊은 영혼 에너지로 본다면 그 감정은 사랑을 주고받고 싶은 마음에서 비롯된다. 사실은 그 분노가 애증일 수 있다. 사랑과 관심이 없다면 미움이나 분노도 생기지 않는다.

  내가 받은 정신적 상처는 주로 다른 사람 또는 나로부터 사랑받지 못해서 생긴다. 상처는 사랑받으면 치유된다. 가장 좋은 방법은 자신에게 사랑을 주는 것이다. 충분히 사랑받으면 상처는 치유되고, 용서할 수 있다.

  영혼의 휴먼 브랜드(HBS)는 영혼에서 나오는 사랑의 에너지로, 나와 세상을 감싸 안고 사랑함으로써 최적의 삶을 산다.

6

최적의 성격으로 진화하라

성격으로 정체성을 정의 내릴 수 있는가?

성격은 개인을 특징짓는 지속적이고 일관적인 행동 양식이다. 행동 양식은 일종의 습관으로서 환경에 적응하기 위해 만들어진 것이다. 어떤 이는 자신이 내향적 성격이라 사람을 못 사귄다고 생각하고, 그렇게 행동한다. 이러한 생각이 성격의 틀을 견고하게 만들어 나의 정체성처럼 굳어진다. 습관을 고치는 것처럼 성격도 원하고 성숙하는 방향으로 가고자 노력하면 바뀐다.

1. MBTI 스펙트럼[11]

최근 사람들의 정체성을 규정하면서 일상생활에 깊게 스며든 성격 이

178 옵티멀 라이프

론이 있다. 바로 MBTI이다. '나는 ESTJ, 너는 INFP니까 우리는 사귀기 어렵다'는 식으로 결론을 내린다. 성향을 분류하여 뇌는 복잡한 인간관계를 효율적으로 대처한다.

MBTI는 최근 몇 년 사이에 대유행하여 전 연령으로 퍼졌다. 처음에는 재미로 시작하던 성격 테스트가 이제는 나와 상대방을 이해하고 소통하는 수단으로 확대되었다. 최근에는 이를 적용한 직업 적성, 공부 방법 등 다양한 활용 방법까지 나오고 있다.

'최적의 건강' 편에서 말한 것처럼 삶을 이분법적으로 보는 사고와 확률인 스펙트럼으로 보는 사고는 관점이 다르다. 대표적인 이분법적 사고가 MBTI이다. E(외향형)와 I(내향형), S(감각형)와 N(직관형), T(사고형)와 F(감정형), J(판단형)과 P(인식형) 이렇게 4개의 관점을 이분법으로 나누어 16개의 성격이 나온다.

처음 MBTI에 대해 들었을 때는 이러한 방법으로 성격을 분류하는 것을 우려했다. 성격이란 삶의 대처 방식으로 유전자와 뇌 등의 수많은 기능의 조합에서 나오는 스펙트럼이다. 단지 16개 유형으로 분류하는 것은 한계가 있다.

그러나 많은 사람이 이 검사를 원한다면 연구할 만한 가치가 있다. MBTI를 통해 자신의 성향을 분석하고 인간관계에 적용하여 고민해보려는 노력은 자신의 정체성을 이해하는 하나의 방법이 될 수 있다.

4개의 관점을 보고 상반되는 두 개 중 하나를 선택하면 자신의 MBTI가 나온다.

외향형(E) – 내향형(I)

외부와 나에 대한 상대적인 관심의 차이다. 외향형은 외부 환경인 다른 사람과 사물에 관심이 많다. 폭넓은 인간관계를 즐기고, 객관적인 사실을 선호한다. 내향형은 나의 내면에 집중하고 개념적 아이디어에 관심이 많다. 통찰력이 있고, 인간관계는 소수를 깊게 사귄다.

감각형(S) – 직관형(N)

인식하는 방법의 차이다. 감각형은 우리의 오감을 통해 직접적으로 자각하는 방법을 선호하여, 구체적이고, 현실적이다. 직관형은 무의식에 있는 아이디어나 연상들을 해석하는 방법을 선호하기 때문에 추상적이다. 과거와 미래에서 다양한 가능성을 추구하므로 창의적이다.

사고형(T) – 감정형(F)

가치를 판단하는 기준의 차이다. 사고형은 객관적인 사실을 분석하고 논리적으로 문제를 해결하는 것을 선호한다. 감정형은 따뜻한 인간관계를 우선하며 개인적이고 주관적인 가치를 중요하게 생각한다.

판단형(J) – 인식형(P)

문제를 해결하는 과정의 차이다. 판단형은 모은 정보를 빠르게 판단하

여 실행에 옮긴다. 결단력이 강하다. 계획적이고, 일 처리를 정확하게 한
다. 인식형은 정보를 모으는 데 충분한 시간을 들인다. 호기심이 많고,
유연하며 융통성이 있다. 자유로운 사고를 한다.

만약 자신이 외향형(E) – 감각형(S) – 감정형(F) – 인식형(P)을 선택
했다면 MBTI는 ESFP형이 된다. ESFP는 외부 환경에 적응을 잘하고 구
체적 사실이나 경험을 중시하며, 사교적이고 호기심과 유연성이 많다.

MBTI도 스펙트럼으로 보라

MBTI는 융의 분석 심리학 모델을 바탕으로 만들어졌다. 융의 모델에
따르면 MBTI는 조금 다르게 해석해야 한다. 내가 보는 MBTI는 의식과
무의식의 관점, 그리고 스펙트럼의 관점에서 해석한다.

융의 분석 심리학 관점에서 본다면 이 검사는 의식과 무의식의 상보적
관계를 의미한다. 사회적으로 보이는 성격은 페르소나이고, 개인 무의식
속에 반대되는 자아는 그림자이다. 집단 무의식에 남성은 아니마라는 여
성성이 있고, 여성은 아니무스라는 남성성이 있다.
자신이 외향형의 성격(페르소나)을 지닌다면 무의식에는 내향형의 성
격(그림자)이 자리한다. 사람들은 두 개의 경향 중 하나를 선택한다. 그
결과 하나의 성격이 더 잘 발달하고 반대의 성격은 미성숙하게 발달하지

못한 채 무의식 안에 숨어 있다.

예를 들면 외향형과 내향형을 하나의 스펙트럼으로 볼 수 있다. 외향형과 내향형의 차이는 내면의 에너지가 외부로 향하느냐 내면으로 향하느냐이다. 즉 에너지 방향의 척도이다. 외부로 향하는 에너지가 아주 많은 사람은 활발한 대인 관계를 맺고, 내부로 향하는 사람은 깊은 명상이나 심리 분석을 선호한다. 스펙트럼으로 보면 중간인 사람들이 더 많다.

또는 상황에 따라서 성격이 바뀌기도 한다. 밖에서 사람들을 많이 만나면 아주 외향적인 사람들도 집에 혼자 있으면 내향형으로 바뀔 수 있다. 에너지를 상황에 맞게 쓰는 것이다.

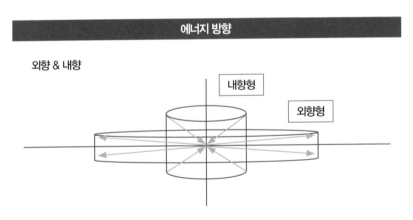

에너지 방향

외향 & 내향

| 외향 에너지는 넓게 외부로, 내향 에너지는 깊게 내면으로 향한다.

성격의 성숙도는 상황에 따라 이 반대되는 성향을 얼마나 조화롭고 균

형 있게 잘 쓰느냐에 달려 있다. 내가 외향형의 성향을 계속 선호하며 살았다면 내면의 무의식을 깊게 바라보는 성향이 부족하다. 갈등이 생겼을 때 나를 온전히 이해하기에 불편함을 느낄 수 있다.

이 경우 내면의 무의식을 깊게 바라보는 연습을 하면 미숙했던 내향적 에너지가 발달한다. 평소에 사람을 깊게 사귀지 못했다면 더 깊은 공감 능력으로 적은 수의 사람을 깊게 사귄다. 내면이 깊어지는 관계는 또 다른 삶의 충족감을 준다.

반대로 내향적인 사람은 자신의 이해도는 높으나 사람과의 관계가 불편하다. 사람들과 사귀고 싶은 욕구가 있으나 다른 사람에게 향하는 관심과 에너지가 충분히 발달하지 못했다. 이 경우도 에너지를 외부로 향하게 하면서 발달시키면 관계에서 오는 충족감을 느낄 수 있다.

나는 10대에는 외향성이 두드러졌으나 20대가 지나며 내향성이 강해졌다. 마흔이 지난 지금은 나의 의식적 페르소나는 내향성이 중간 이상이며 소수의 사람들과 관계를 깊게 나눈다. 심리 치료자 성향이 있어 사람들의 깊은 내면의 이야기를 들어주며 행복감을 느낀다. 모임에 가면 무의식적 그림자인 외향적 에너지를 발산하여 10대 때 활발한 모습을 드러낸다. 외향적 에너지는 사람들과 더 친해지게 만든다.

선택하는 일에 따라 두 에너지의 균형은 조금씩 바뀌게 된다. 새로운 일에 도전하며 많은 사람을 만나면 외향 에너지가 점차 커지게 된다. 심리 치유에 집중한다면 내향 에너지가 더 발달한다.

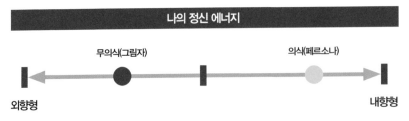

나의 정신 에너지

무의식(그림자)　　　　　　　　　　의식(페르소나)

외향형　　　　　　　　　　　　　　　　　　　　내향형

┃ 의식(페르소나)은 내향형으로 좀 더 강하고, 무의식(그림자)은 외향형으로 그 에너지가 중간 정도이
　다. 원하는 방향에 따라 더 발전시킬 수 있다.

이를 전체 MBTI에 적용해볼 수 있다. 다음은 나의 MBTI 스펙트럼이다.

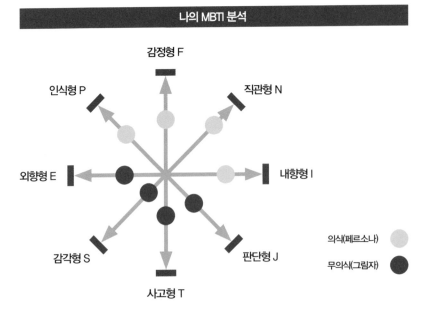

나의 MBTI 분석

감정형 F

인식형 P　　　　　　　　　直관형 N

외향형 E　　　　　　　　　　내향형 I

감각형 S　　　　　　　　　　판단형 J

사고형 T

의식(페르소나)
무의식(그림자)

┃ 의식(페르소나)은 INFP이고, 무의식(그림자)은 ESTJ이다. 발달의 정도는 동그라미의 위치를 보면 알
　수 있고 이를 스펙트럼으로 표현하였다. 중앙에서부터 바깥으로 갈수록 강하다. 무의식을 연구하는
　성향에 의해 직관형이 많이 발달하고, 상대적으로 감각형 발달이 더디다. 다른 유형도 발달의 정도
　가 다르나 상대적으로 균형을 유지하려 한다.

무의식 속 그림자 성향을 존중하라

나는 ISTJ 성향인 남편과 자주 싸운다. 남편은 내향적이고, 감각적, 논리적이며, 결정이 빠르고 남을 판단하는 경향이 있다. 내향성(I)이 부딪히면 관계가 부드럽지 않다. 추상적인 무의식을 깊이 보는 나(N)와 감각적이고 논리적 성향을 지닌 남편(S)은 대화에서부터 부딪힌다.

감정적 공감을 중시하는 나(F)는 객관적 사실 중심인 남편(T)에게 위로받지 못해 행복하지 않다. 결정이 확실하고 추진력 있는 남편(T)은 많은 것을 고려하고 결정을 자주 바꾸는 내(P)가 불안하고 답답하다.

나는 왜 이렇게 안 맞는 사람과 결혼했을까? 2년간 연애하면서 성격 차이로 자주 싸웠기 때문에 성격을 모를 리가 없다. 그런데도 선택한 이유가 무엇일까?

바로 내 부족한 부분을 보완해줄 사람이기 때문이다. 내 무의식 속에 잠재된 성향은 사실 남편과 같다. 내 무의식이 남편에게 동조하기 때문에 나는 남편의 의견을 존중한다. 내가 상대적으로 약한 무의식적 성향이 남편의 강한 의식적 성향을 따른다.

남편도 마찬가지이다. 남편의 약한 무의식적 성향이 내 강한 의식적 성향을 따른다. 서로 이런 점을 배려하면 갈등이 줄고, 시너지가 생긴다. 특히 미성숙한 무의식이 상대방에 의해 발달하면 두 사람의 인격적 성장을 촉진한다.

이처럼 MBTI를 인간관계, 또는 인생의 과제들과 연결할 때는 빛과 그림자처럼 상보적 관계에서 이해해야 한다. 내 무의식적 성향이 다른 사람의 의식적 성향과 같으면 강렬한 감정을 느낀다. 이를 투사라고 한다. 내 무의식을 다른 사람에게 투영하는 것이다.

MBTI가 자신과 비슷한 사람을 만나면 서로 잘 통한다고 느낀다. 처음에는 대화가 잘 통하지만 서로 발달한 성격이 비슷하므로 시야와 관점이 좁아질 수 있다. 강하게 발달한 성격은 더 강해지고, 무의식적 미성숙한 성격은 더 취약해진다.

자신의 반대 성향인 사람을 만나면 처음에는 의견 대립이 생기고 갈등이 심해진다. 하지만 서로의 차이점을 이해하고 존중하며 부족한 점을 보완하면 상대방의 무의식적 성격을 발전시킨다. 그래서 두 사람의 인격적 성장을 촉진한다.

예를 들어 감각형과 직관형을 보자. 둘의 차이는 사건을 바라보는 시점에 있다. 감각형은 주어진 감각을 중시하므로 현재 시점의 판단력이 정확하고, 현실 감각이 탁월하다. 직관형은 개인과 집단의 무의식을 깊게 보므로 과거와 미래를 넓게 보고 지식이 깊다.

둘이 대화하면 감각형은 직관형을 몽상가로 생각한다. 직관형은 감각형을 현실의 한계를 못 벗어나는 사람으로 생각한다. 그래서 서로를 이해하지 못하고 갈등이 깊어진다.

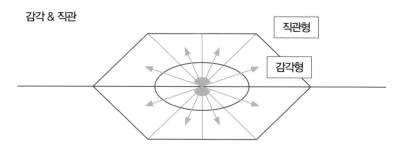

감각 − 직관의 시점

감각 & 직관

직관형

감각형

| 감각형은 현재에 집중해 현재 시점의 판단이 정확하고, 직관형은 무의식을 통해 과거와 미래로 시점을 확장하므로 통찰력이 있다.

하지만 둘이 보완하면 어떻게 될까. 직관형은 통찰력을 활용해서 시야를 넓힌다. 과거를 탐색하고, 미래를 전망하며 비전과 목표를 세운다. 감각형은 현실 판단력을 활용해서 현실에 맞는 섬세한 전략과 계획을 세워 성공률을 높인다. 이 경우 둘은 최적의 파트너가 된다.

또한 자신의 인격을 통합하기 위해 서로의 도움을 받는다. 직관형은 미성숙한 성격인 현실 감각을 키워 자신의 통찰력에 따른 비전을 성공시킬 가능성을 높인다. 감각형은 미성숙한 성격인 깊이 있는 통찰력을 키워 올바른 방향의 현실 판단력을 통해 성장 가능성을 높인다.

MBTI의 성향을 파악하여 미성숙한 인격, 무의식에 내재한 성격을 발전시키고 싶다면 그 방향으로 새로운 도전을 하면 좋다. 부족해도 자주 쓰면 발달한다. 또한 자신의 장점인 성향을 잘 활용해서 다른 사람을 도와줄 수 있다. 서로 보완하면 균형 잡힌 발전을 이룰 수 있다.

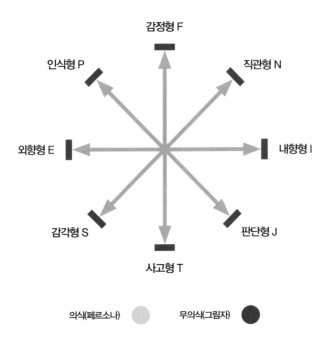

감정형 F

인식형 P   직관형 N

외향형 E   내향형 I

감각형 S   판단형 J

사고형 T

의식(페르소나) ◯   무의식(그림자) ●

　자신의 MBTI 성향을 의식과 무의식으로 나누어보고, 스펙트럼으로 표현해보자. 그리고 함께 있는 사람과 그 성향을 비교해보자.

　MBTI의 목적은 나와 다른 사람의 성향을 결정지어서 거기에 내 삶을 맞추는 게 아니다. 그것은 MBTI를 하나의 프레임으로 만들어 고정 관념의 벽을 쌓는다. MBTI가 고정 관념이 되는 순간 그것은 자신의 인간관계에 해로운 분류 방법이 될 뿐이다.

　MBTI는 스펙트럼처럼 계속해서 변한다. 무의식적 성향을 의식으로 끄집어내어 부족한 부분을 보완하고, 강한 의식적 성향은 잘 발전시킨다. 결국 MBTI는 균형 잡힌 인격의 성장을 목표로 한다. 이것이 진정한 나의 정체성을 찾는 방법이다.

2. 성격의 진화

성격은 MBTI 외에도 다양한 분석 방법이 있다. 애니어그램을 활용해 유형을 분류한다. 사주팔자나 점성술에서도 자연과 우주의 영향을 활용하여 성향을 분류한다. 심리학에서는 선천적인 기질을 본다. 인격 장애의 경우에는 정신 의학에서 DSM-5에 그 분류 기준이 나와 있다.

최근에는 뇌 fMRI를 이용하여 뇌 기능과 성격을 파악한다. 유전자를 활용해서 성격을 알 수 있다. 유전자와 뇌, 환경 등을 종합하여 자신의 성향을 파악하는 것은 앞으로 미래에 더 중요해질 분야이다.

처음에 미래 기술 ― 유전자, 미토콘드리아, 뇌, AI, 메타버스, 양자 에너지 ― 을 활용하여 개인의 정체성을 구현할 거라고 했던 것을 기억하는가? 이는 미래에 정밀한 정체성을 구현하며 사회가 개인화, 맞춤화하는 데 중요한 역할을 할 것이다.

성격은 영혼의 본질적인 정체성이 아니다. 성격은 세상을 바라보는 틀이다. 지금 가진 성격은 과거와 현재에 의해 만들어진 프레임이다. 이 프레임을 바꾸면 내 성격도 바뀐다. 과거와 현재의 프레임이라는 허물을 벗고 미래의 틀을 다시 짤 수 있다.

성격을 바꾸고 자신을 성장시키는 개념은 애니어그램에 나와 있다. 애니어그램은 현재는 고인이 되신 고신대학교 심장내과 조경임 교수님께서 추천해주셨다. 내게 애니어그램은 존경하는 교수님이 돌아가시기 전 남겨주신 영혼의 유산이라는 생각에 의미가 깊다.

애니어그램은 아홉 가지로 이루어진 성격 유형과 그 연관성을 표시한 기하학적 도형이다. 애니어그램은 여러 영적, 종교적 전통에서 나온 보편적 진리와 현대 심리학을 접목한 학문이다.

에니어그램은 기원전 2500년경에 바빌론 또는 중동 지방에서 유래한 것으로 추정되고 있다. 구전되어 온 고대 지혜와 보편적 진리를 집대성해 놓은 것으로, 기독교, 불교, 이슬람교, 유태교 등 종교의 가르침과 더불어 여러 가지 철학이 포함되어 있다.

현대에 들어와 러시아의 구르지예프(George Ivanovich Gurdjieff)와 볼리비아의 이카조(Oscar Ichazo)가 애니어그램을 재정리하여 성격 심리학을 접목하였고 미국의 나란조(Claudio Naranzo)에 의해 미국에 널리 퍼졌다.

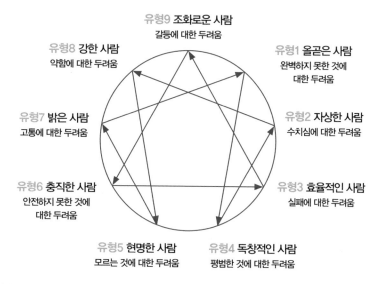

애니어그램

유형9 조화로운 사람
갈등에 대한 두려움

유형8 강한 사람
약함에 대한 두려움

유형1 올곧은 사람
완벽하지 못한 것에
대한 두려움

유형7 밝은 사람
고통에 대한 두려움

유형2 자상한 사람
수치심에 대한 두려움

유형6 충직한 사람
안전하지 못한 것에
대한 두려움

유형3 효율적인 사람
실패에 대한 두려움

유형5 현명한 사람
모르는 것에 대한 두려움

유형4 독창적인 사람
평범한 것에 대한 두려움

┃ 성격이 고정된 것이 아니라 치유와 성장의 가능성이 있음을 보여준다.

내용을 보면 자신에게 와닿는 성격 유형과 단계가 있다. 우리의 내면 안에는 이 아홉 가지 유형이 모두 내재하고 있다. 애니어그램에서는 각 유형이 어느 정도 발달하였는지, 그리고 유형들의 상호작용을 파악하여 내면의 전체적인 성격을 이해한다.

중요한 것은 내가 가진 성격의 발달 단계를 파악하는 것이다. 성격은 상황에 맞게 적응한다. 안정적인 환경에서는 성격도 안정적으로 그 장점을 발휘한다. 하지만 어려운 상황에 놓이면 성격이 부정적으로 퇴보할 수 있다. 이 경우 인생의 난관을 경험하고 위기를 겪는다.

위기를 극복하기 위해 성격의 문제점을 해결하면 성격이 발전하여 다음 차원으로 올라가게 된다. 이를 성격의 진화라고 한다. 진화라는 것은 이전에는 그 환경에 적응할 수 없었지만 발전하여 다른 사람처럼 적응해 내는 것을 뜻한다. 이는 자아의 영적 성장을 이루어낸다.

내가 애니어그램을 의미 있게 생각하는 이유는 성격이 고정된 것이 아니라 치유와 성장의 가능성을 보여주기 때문이다. 종교와 심리학을 통합하여 심리적 치유가 영적 성장과 자아실현으로 이루어지는 과정을 잘 설명해준다.

한계를 느낀다면 성격을 진화시켜라
– 성격의 퀀텀 점프!

20대 때 정신과 전공의 과정 동안 극도의 스트레스를 받고 위기를 극복하지 못하여 정신이 무너지는 사람들과 어린 시절 형성된 성격 장애로 사회생활에서 어려움을 겪는 사람들을 보았다. 그뿐 아니라 현대 사회의 많은 사람이 스트레스를 장기간 받고 있고 자신의 성격적 한계로 위기나 정신적 고통을 벗어나지 못한다.

성격 진화의 필요성을 느끼는 경우는 현 상태에서 한계를 느낄 때이다. 한계를 넘고자 하는 마음이 변화를 이끈다. 성격의 틀을 벗어나기 위해서는 많은 에너지가 필요하다. 도전하거나 포기하거나 둘 중 하나를 선택해야 한다.

만약 도전하여 발전하기로 선택했다면 절대 할 수 없을 것처럼 두려움을 느낄 때까지 도전해야 한다. 그래서 두려움을 무릅쓰고 도전했을 때 내 성격의 껍질을 부술 수 있다. 그 변화는 불연속성을 띠며 이는 마치 퀀텀 점프처럼 도약하게 된다.

퀀텀 점프(quantum jump)란 양자가 한 에너지 수준에서 다른 에너지 수준으로 양자 시스템이 갑자기 전환되는 것이다. 원자를 구성하는 전자는 에너지가 낮은 상태에서는 뛰어오르지 않지만, 충분한 에너지가 주어지는 순간 한 번에 도약한다.

양자는 이처럼 연속적인 흐름을 보이는 것이 아니라 계단을 뛰어오르듯 불연속적인 흐름을 보인다. 경제학에서 퀀텀 점프는 기업이나 산업이 한계를 뛰어넘어 비약적으로 발전하는 것을 의미한다.

성격이 퀀텀 점프하여 진화하게 되면 세상이 다르게 느껴진다. 새로운 틀과 새로운 관점이 생긴다. 틀은 부수라고 있는 것인지 위기가 올 때마다 현재의 성격을 넘어야 할 신호가 온다.

첫 시작은 어려우나 변화로 인한 성취감을 느꼈다면 다음 도전은 더 쉬워진다.

성격이 진화하면 내게 주어지는 능력이 많아지고, 자유로워진다. 성격이 하나의 갑옷에 지나지 않았다는 걸 알게 된다. 영적으로 자유로워진다.

스스로를 가둔 성격의 틀을 깨라!

내가 인생에서 처음 해결해야 했던 성격은 완벽주의였다. 초등학교 1학년 때부터 완벽주의 성향이 나타났다. 이는 시험에 의해 생긴 습관이었다. 학교 다니는 동안에는 이러한 성격이 긍정적인 도움을 주었다. 성적이 좋으니 인정도 받고 좋은 대학에도 갈 수 있었다.

의과대학에서는 완벽주의가 심해졌다. 완벽주의의 근원은 불안이었다. 한 과목이라도 낙제하면 1년 유급해야 한다니 너무 두려웠다. 불안이 불면이 되어 시험 전에 밤을 꼬박 새우고는 공부한 게 생각이 안 날까 봐 극심한 두려움을 느끼기도 했다.

결국 몸과 마음이 지쳐 휴학하고 싶었을 때 심리 치료를 시작했다. 인생을 달려오면서 얼마나 많은 감정을 억눌렀는지 알게 되었다. 많은 상처와 억눌린 감정들을 해소하고 나니 나의 성격적 문제를 해결할 의지가 생겼다.

일단은 커피를 끊고 잠을 잤다. 몸이 회복되어야 마음이 회복되는 것은 가장 중요한 첫 단계이다. 커피는 불안을 악화시킬 수 있다. 그리고 불안의 근본 원인, 두려움의 끝을 따라가보았다. 나의 두려움은 실패였다. 그 당시 실패는 내게 죽음 같은 것이었다.

인생의 커다란 실패를 끝까지 상상해보니 생각보다 별 게 아니었다. 오히려 실패가 내게 더 큰 가르침을 준다는 걸 알았다. 위기가 기회가 된다는 걸 배우고 회복 탄력성이 생겼다.

그다음 배운 것은 인생의 높은 성취는 완벽함에서 오는 게 아니라는 점이었다. 이 세상에 완벽한 건 없고, 무한하다. 모든 일에 한계가 없음을 깨닫고, 매 순간이 흘러가는 인생의 한 부분이라는 것을 알게 되었다. 그리고 나의 완벽주의는 사라졌다.

그 뒤로 무한한 자유를 느꼈다. 잠이 오면 자고, 먹고 싶으면 먹고, 일한 만큼 만족했다. 나의 부족함을 비난하지 않았다. 나는 분명히 더 잘할 거라는 것을 믿었다. 크고 작은 실패들은 오히려 감사하게 생각했다. 그로 인해 나는 성장할 기회를 얻었다.

지난 5년간 도전적인 일을 맡으면서 성격의 진화를 수없이 겪었다. 내 성격으로 해낼 수 없을 것 같은 과제들이 매일 눈앞에 펼쳐졌다. 이는 능력의 문제가 아닌 심리적인 벽을 부수어야 하는 문제들이었다.

그 벽을 한 번 크게 부수고 나니 또 벽을 부술 용기가 생겼다. 벽을 부수고 문제를 해결하는 긍정적 경험은 도전할 힘을 주었다. 드디어 가장 큰 벽을 깼다. 의사라는 직업의 틀을 깨고 새로운 일에 도전한 것이다. 인생에서 원하는 삶을 자유롭게 살고 진정한 나의 정체성을 찾기 위해 오랜 시간이 걸렸다. 그 과정에 성격의 진화는 필연적이었다.

우리나라에서 완벽주의는 많은 사람이 겪는 문제이다. 근본에는 불안이 있다. 경쟁이 심한 사회에서는 도전보다 안정을 찾는 마음이 강해진다. 도전이 두려워 현실에 안주하면 한계에 부딪힌다. 도전하고 틀을 깨면 자유로워진다.

자신의 성격을 돌아보고 현실에서 어려움을 갖는 반복적인 부분을 자각해보자. 내 성격이라서 어쩔 수 없다는 생각에 미친다면 성격의 틀을 깰 때이다. 한계를 넘는 도전을 해보길 바란다. 분명 새로운 경험을 하게 될 것이다.

최적의 행복한 삶을 위해서는
심리적으로 행복하고 긍정적인 인간관계를 맺으며
시대에 부합한 개인의 정체성을 실현해야 한다.

Optimal Hospitality

PART 4

OPTIMAL

——————— ✦ ———————

최적의 관계를
만들어라

———————————————————————

HOSPITALITY

누구와 어떻게 연결될 것인가?
– 최적의 연결을 추구하라

지금까지 개인의 건강과 행복에 대해 논했다면 이번 장에서는 나와 다른 존재와의 연결에 대해 말한다. 다른 존재는 사람일 수도 있고, 다른 생명체나 자연일 수도 있다. 인공 지능과 같은 물리적 존재일 수도 있다.

우리는 사회적 존재이지만 자연과 우주의 존재이다. 4차 산업 시대에는 디지털 환경과 물리적 환경이 초연결을 이루는 세상에 살고 있다. 그러므로 우리는 디지털 세상의 존재이기도 하다. 이처럼 수많은 환경과의 연결 속에서 최적의 관계를 이루려면 어떻게 해야 할까?

가장 중요한 것은 우리가 어떤 의미로 이들과 연결되는지 알고 최적의 연결을 추구하는 것이다. 무의식은 내가 그들과 어떤 의미로 연결되는지 알려주고 최적의 연결을 찾아준다.

서로에게 더 큰 행복과 성장을! 소중한 인연을 환대하라

'이 사람은 정말 내 운명이야. 우리는 뭔가 깊게 통하는 게 있어.'

운명 또는 인연이라고 생각되는 최적의 상대를 만나면 왠지 모르게 특별한 느낌을 받는다. 우리는 그 이유를 설명할 수 없지만 무의식은 그가 당신에게 중요한 사람이라고 메시지를 준다.

우리는 소중한 인연이 될 사람들을 기쁘게 맞이한다. 이는 환대하는 마음이다. 누군가를 환대하면 마음을 열고 공감하게 된다.

공감과 환대로 연결된 관계는 우리에게 충만함을 준다. 단절로 인한 사회적 고립은 외로움을 느끼게 할 뿐 아니라 존재의 의미를 잃어버리게 한다. 서로 연결되고 영향을 주어야 삶은 존재의 의미를 찾는다.

'내가 그의 이름을 불러 주었을 때 그는 나에게로 와서 꽃이 되었다.'

김춘수의 시 「꽃」에서와 같이 존재의 의미는 누군가의 기억 속에 의미

있는 사람이 되었을 때 이루어진다. 마블 시리즈의 〈앤트맨과 와스프 –
퀀텀 매니아〉를 보면 양자 영역에 빠진 주인공이 수많은 확률을 가진 나
로 나뉜다. 사랑하는 연인이 자신을 바라봐주었을 때 비로소 진정한 단
하나의 자신을 찾는다. 누군가에게 관측이 되고 존재로서 인정받을 때
그 삶은 의미를 지닌다.

우리의 사회적 공감 능력은 '남'을 '우리'로 만들게 한다. 우리의 집단
무의식은 공감 에너지를 통해 깊게 연결된다. 자아가 '나'에서 '우리'로 확
장된다. 감정의 전이는 개인 간뿐만 아니라 사회적 집단으로 퍼질 수 있
다. 이를 통해 우리는 다른 사람들과 연결됨을 느낀다.

대표적인 예가 월드컵이나 올림픽과 같은 국가적 스포츠 경기이다. 밤
새며 경기를 관람하고, 자국이 승리하면 나라 전체가 기쁨에 휩싸이게
되는 것도 감정의 집단적 전이이다. 우리는 이를 통해 마음을 하나로 일
치시킨다. 공감 에너지는 우리의 상처를 치유하고 회복시킨다. 시공간에
펼쳐진 인류의 역사는 갈등을 해소하고 치유와 회복으로 통합하는 사건
들의 반복으로 이루어진다.

공감하고 환대하는 것은 마음을 열고 관계를 시작하는 열쇠이다. 물론
가장 먼저 행복하게 해주어야 할 사람은 나 자신이다. 그러므로 자신을
공감하고, 환대해주어야 한다. 그래야 다른 사람을 더 깊게 공감하고 환
대해줄 수 있다. 서로의 공감이 깊어지면 마음을 치유한다. 무의식에 쌓
인 상처들이 용서로 치유된다. 용서는 영혼이 주는 사랑의 힘이다. 용서

와 치유로 마음이 연결되면 신뢰가 쌓이고 관계는 단단해진다.

　최적의 상대와 연결되면 서로에게 선한 영향력을 미친다. 휴먼 브랜드는 동반 성장하는 상생의 관계이다. 이러한 동반 성장은 더 큰 행복을 이룬다.

　최적의 관계는 최적의 상대와 최적으로 연결되고 진화하는 관계이다. 최적의 연결로 최적의 관계 스펙트럼을 만들어보자.

2

공감하고 환대하라

함께 행복하고 함께 승리하는 마법을 경험하라

사람들은 죽기 전에 무엇을 떠올릴까? 나라는 존재가 사라진다고 생각했을 때 그동안 쌓아왔던 부는 더 이상 아무런 의미가 없다는 것을 알게 된다. 마지막 순간에 바라는 건 사랑하는 사람과 함께하는 것이다. 그 시간은 무엇보다 소중하다.

사랑하는 사람과 함께하면 행복해진다. 누군가를 사랑한다는 것은 상대방이 행복해지도록 노력하는 것이다. 이를 위해 필요한 것이 공감과 환대이다.

사랑하는 사람을 행복하게 하려면 가장 먼저 그 사람의 마음을 이해하고 느껴야 한다. 그것이 공감(empathy)이다. 사랑하는 사람과 함께할 때 언제나 그 사람을 귀하고 소중하게 여겨야 한다. 그것이 환대(hospitality)이다.

청소년기에 영향을 받은 스티븐 코비의 『성공하는 사람들의 7가지 습관』이라는 책이 있다. 성공적인 인간관계에 있어 '윈(win)-윈(win)'의 전략이 얼마나 중요한지를 말한다. 윈윈이란 모두에게 유리하고 서로 이득을 보는 것을 말한다. 이렇게 서로가 잘되길 바라는 상생의 마음도 바로 공감과 환대에서 나온다.

공감을 잘하는 6단계 방법

"여보, 내가 어제 회사에서 정말 기분 나쁜 일이 있었어. 글쎄 우리 상사가 있지… 그리고 내 부하 직원이 말이야… 날 이렇게 힘들게 했다니까? 정말 너무 힘들어 죽겠어."
"도대체 왜 그렇게 자꾸 힘들다고 그래? 그렇게 힘들면 다니지 마."
"뭐라고? 당신은 왜 그렇게 말해? 날 위로해줄 수 없어?"
"왜 나한테 화내? 나한테 뭘 원하는 거야?"

생각보다 공감에 어려움을 겪는 사람들이 많다. 감정보다 이성을 중시하는 사람은 감정을 소홀하게 판단하는 경향이 있다. 이해하려는 노력

대신 본인 입장으로만 생각하기도 한다. 자기 생각에 확신이 강한 사람은 공감이 특히 어렵다. 이타적이고 섬세한 감정을 느끼는 사람부터 이성적이고 독립적인 사람까지, 공감하는 능력에 대한 스펙트럼 역시 매우 넓다. 공감 능력이 아주 부족한 경우 자폐나 소시오패스 인격 장애가 있기도 하지만 대부분은 공감에 대한 습관이 성격과 성향에 맞게 굳어버린 경우가 많다.

공감도 방법이 있다. 공감의 깊이에 따라 효과가 다르다. 공감을 잘하는 6단계를 알아보고 본인에게 부족한 부분을 확인해서 채워보자.

1. 경청한다.

첫 단추를 잘못 끼우면 공감 자체가 되지 않을 정도로 경청은 중요하다. 남의 말을 존중해서 정성스럽게 들어주는 건 생각보다 어려운 일이다. 잘 들어주기만 하고 고개를 끄덕이기만 해도 상대방은 공감받았다고 느낀다. 잘 들어주려면 먼저 본인의 생각을 내려놓아야 한다.

가장 어려운 경우는 말하는 사람이 듣는 사람에 대한 서운한 마음을 드러낼 때이다. 이때 청자는 비난받는다고 느낀다. 자신이 비난받는다는 사실에 화가 나서 상대방의 마음을 헤아리지 못하는 경우가 많다. 자신의 감정이 앞서는 것이다. 그러면 서로의 마음을 결코 풀지 못한다.

먼저 마음을 헤아리고 나서 어떤 오해가 있었는지 풀어주어야 한다. 그 후에 자신의 서운한 감정을 표현해야 갈등이 해결된다.

2. 상대방의 입장이 된다.

상대방의 입장이 되는 것은 생각보다 어렵다. 프레임이라고 하는 세상을 바라보는 틀이 유연한 사람은 쉽게 상대방의 입장이 될 수 있다. 그러나 자신의 주관이 뚜렷한 사람은 매우 어렵다. 그러한 경우 부분적으로 경험해본 부분을 적용해서 이해해본다.

그렇지 않으면 차라리 '내가 당신의 입장을 다 헤아리지 못하지만'이라고 표현해보자. 오히려 상대방은 존중받았다고 느낀다.

3. 상대방의 감정을 느낀다.

공감은 다른 사람의 감정을 읽고 이해하는 능력이다. 공감은 감정을 직접 느끼는 '감정적 공감'과 감정을 인지적 사고로 이해하는 '인지적 공감'이 있다.

'감정적 공감'은 상대방의 슬픔과 괴로움을 의식적, 무의식적으로 느끼는 것이다. 상황을 다 알지 못하더라도 상대방의 표정, 몸짓, 행동에서 느낄 수 있고, 감정의 에너지가 전달된다.

상대방의 감정을 읽을 때 본인이 직접 경험했던 일이라면 감정을 이해하는 폭도 깊어진다. 과거 자신의 기억 속에 느꼈던 감정을 재경험하여 상대방의 감정을 더 깊게 이해한다. '나도 그런 기분이었어, 이해해.'라며 위로하게 된다.

4. 상대방의 무의식적 메시지를 읽는다.

'인지적 공감'은 상대방의 감정이 생긴 상황을 이해하는 것이다. 상황에 대한 이해 정도가 인지적 공감에 영향을 준다. 경청하며 그 사람의 마음을 읽고 이해할 때, 의식적인 내용을 넘어 무의식의 내면을 읽게 되면 치유의 힘이 생긴다.

5. 도우려는 마음을 가진다.

가족이나 친구와 같이 가까운 사람은 상황을 충분히 이해했을 때 그 사람이 느낀 감정을 극복하도록 돕는 마음이 생긴다. 상대방의 무의식을 잘 읽고, 돕는 마음이 강한 사람은 심리 치료사에 적합하다. 감정의 근원을 분석하여 문제를 해결하면 상처를 치유해줄 수 있다.

6. 내 입장으로 바라본다.

경청과 함께 상대방의 입장이 되어 감정적으로 느끼고, 상황을 이해하고 도우려는 마음을 가진 후에야 비로소 나의 입장과 생각을 말하는 게 좋다. 자신의 판단이 옳다는 생각보다는 새로운 관점으로 바라볼 수 있도록 나의 관점과 가치관, 경험 등을 공유하는 게 좋다.

대부분 감정을 해소하고 나면 자신만의 방식으로 해답을 찾기 때문에 스스로 찾을 수 있도록 돕는 게 좋다. 그러나 감정의 굴레와 쳇바퀴같이

맴도는 생각을 바꿔주려면 새로운 관점이 필요하다. 비판을 내려놓고 존중과 배려로 생각을 확장해준다.

정서 지능을 활용하여 공감 능력을 높여라

공감 능력은 정서 지능(Emotional Intelligence)과 많은 관련성이 있다. 정서 지능이란 자신과 타인의 감정을 이해하고 조절하는 능력과, 이를 적용하여 사회적 관계를 맺는 능력이다. 공감 능력이 높을수록 정서 지능이 높고 이러한 능력은 사회성과 도덕성 발달에 중요하다.

상생하는 윈-윈 전략은 나와 상대방 입장을 조율하는 과정에 있으며, 이 균형을 맞추는 능력은 공감 능력에서 나온다. 나만큼 다른 사람도 잘되길 바라는 마음이 있어야 한다. 서로 경쟁하는 관계에서는 한쪽은 이기고 다른 한쪽은 져야 하므로 공감 능력이 발휘되기 어렵다. 각자의 입장이 더 중요하므로 공감 능력이 무뎌진다. 이러한 경쟁이 심해지는 걸 막는 것이 사회적 뇌, 공감 능력과 정서 지능이다.

경쟁을 상생으로 바꾸기 위해 공감 능력과 정서 지능을 어떻게 활용할까?

공감하기 위해서는 거울 신경 세포(Mirror Neuron)의 역할이 중요하다. 거울 신경 세포는 타인의 행동이나 생각을 모방하여 학습하는 세포이다. 모방의 과정에서 타인의 감정을 읽고 사회적 정서와 활동이 생겨

난다.

어릴 때는 부모나 자매, 형제를 모방하며 성장하게 된다. 사회적으로는 누군가를 닮으려는 마음이 유행을 만든다. 우리나라는 특히 유행에 민감한데 모방 능력이 강하고 감정의 전이도 빠른 성향을 반영한다. 남들이 하는 걸 내가 하지 않으면 불안하다. 멋진 사람을 따라 하면 나도 멋진 사람이 된 것 같다. 셀럽이나 인플루언서가 생기는 이유다.

인스타그램이나 페이스북과 같은 SNS에서 인플루언서에게 '좋아요'와 공감을 누르는 것은 그들을 공감하며 모방하고자 하는 마음에서 비롯된다. 하지만 이 과정에서 나와 다른 사람을 비교하게 된다. 열등감이란 감정은 자존감에 상처를 준다. 시기와 질투는 진정한 공감을 방해한다.

진정한 공감 능력은 역설적으로 나와 다른 사람을 구분하는 데에서 시작한다. 내가 다른 사람과 분리된 상황에서 다른 사람의 입장과 나의 입장을 함께 바라볼 수 있어야 한다. 모방과 동일시는 나와 상대방의 정체성을 흐리게 만든다.

공감은 결국 나의 정체성이 자리 잡혔을 때 그 힘을 발휘한다. 나 자신의 깊은 이해는 다른 사람에 대한 더 깊은 이해로 이어진다. 공감은 서로 다른 두 존재가 만나 이루어지는 것이다.

서로 다른 두 존재가 행복해질 수 있도록 사랑을 주는 것이다.

나와 상대방이 다른 존재라는 것을 인정하면 상대방의 입장을 객관적으로 공감해줄 수 있다. 서로가 다름을 이해하면 갈등의 근원을 찾고 상대방이 진정 원하는 걸 알게 된다. 서로의 입장을 조율하여 상생할 수 있는 더 나은 답을 찾게 한다.

경쟁은 생존을 위해 서로 같은 걸 추구하는 것이다. 서로 모방하고 같아지려는 것이다. 상생은 서로의 마음을 이해함을 넘어 다름을 알고 이를 조화시키는 것이다. 결국 우리의 공감은 모방과 동일화에서 각자의 정체성을 이해하고 조율하는 상생의 개념으로 나아가야 한다.

환대의 의미

'반갑습니다. 당신을 환영합니다.'

환대라는 뜻의 호스피탈리티(hospitality)는 손님을 맞이하여 식사를 접대하고 숙박을 제공한다는 뜻으로 라틴어 호스피탈레(hospitale)에서 유래하였다. 이 단어는 병원(hospital)이나 호텔(hotel)의 개념으로 이어진다.

우리가 여행하는 이유 중 하나는 새로운 환경, 새로운 사람을 만나는 여정이기 때문이다. 낯선 곳에서의 아름다운 환경과 따뜻한 사람들의 환대가 여행을 즐겁고 설레게 만든다. 우리의 인생도 이렇게 자연과 사람들의 환대를 만나는 여정이 아닐까.

환대는 주변의 어려운 사람들에게도 향한다. 사회적 약자들을 배려하고, 그들에게 기부하는 것도 따뜻한 사랑을 베풀고 사회가 행복해지길 바라는 마음에서 비롯된다. 이러한 노력이 빈부 격차와 사회적 불평등으로 인한 사회의 분열을 막고 하나로 연결하는 힘이 된다.

3

치유하고 용서하라

복수와 용서, 어느 쪽을 선택할 것인가?

액션 영화나 역사 속 전쟁을 소재로 한 영화의 주된 서사는 복수이다. 적에 의해 사랑하는 사람을 잃고 개인이 복수를 계획하거나 전쟁을 일으킨다.

이러한 복수에 대한 처벌은 인류의 문명과 역사를 같이한다. 기원전 약 2천 년에 만들어진 인류 최초의 법전인 함무라비 법전은 '눈에는 눈, 이에는 이'라는 복수에 따른 형벌을 만들었다. 사람들은 본능적으로 내가 당한 만큼 갚아주는 것이 공정하다고 믿는다.

이 때문에 내가 선이 되고 적이 악이 된다. 그러나 복수가 다시 복수를 불러온다는 점에서 최적의 선택인지 고민해보게 된다. 복수가 가져오는 결과는 반복되는 끝없는 고통일 수 있다.

〈로미오와 줄리엣〉이라는 영화에서는 적이 된 두 가문에서 사랑하는 연인들이 용서받지 못한 관계로 인해 비극적인 죽음을 맞는다. 복수로 인한 양 국가 간의 전쟁은 결국 많은 병사의 희생으로 끝난다.

액션 영화인 〈캡틴 아메리카 – 시빌 워〉에서는 복수에 대한 두 영웅의 다른 태도를 보여준다. 아이언맨인 토니 스타크는 부모님을 죽인 캡틴 아메리카의 친구에게 복수하려고 한다. 캡틴 아메리카는 친구를 용서해 달라며 대신 싸운다. 이 일로 둘은 사이가 멀어진다.

반면 와칸다라는 나라의 국왕인 블랙 팬서는 아버지를 죽인 적을 만나지만 둘의 싸움을 보고 복수를 접는다. 자신의 인생을 복수로 허비할 수 없다고 다짐하며 가장 하기 어려운 용서를 한다.

영화 〈캡틴 아메리카 – 시빌 워〉

┃ 복수에 대한 두 영웅의 다른 태도를 보여준다.

용서란 어려운 것이다. 내가 당한 상처의 크기가 크면 용서는 더욱 힘들어진다. 미안하다는 말로 간단히 해결되지 않는 커다란 상처들은 무의식에 쌓여 인생에 영향을 준다. 분노의 마음은 쉽게 사라지지 않는다. 인생은 이 욕구를 해결하기 위해 움직인다.

용서란 마음을 치유하여 상처받은 일에 더 이상 신경 쓰지 않는 것이다. 마음에 남아 있지 않도록 떠나보내는 것이다. 그래야 새로운 운명을 받아들이고 최적의 삶을 살 수 있다. 순리에 따르면 처벌은 굳이 내가 하지 않아도 언젠가 다른 방식으로 일어난다.

가족에 대한 용서와 치유

특히 상처를 가장 많이, 그리고 가장 깊게 주고받는 가족에 대해 설명하고자 한다.

1. 부모와 자녀 관계

가족은 가장 가까운 관계이다. 연결 강도가 강하고 심리적 거리가 가까워 많은 영향력을 미친다. 부모는 자녀에게 유전과 환경적 영향을 준다. 또한 부모는 자녀가 성인이 될 때까지 무의식에서 절대적 존재인 초자아로서 오랫동안 영향을 준다.

가족은 가장 사랑하지만 가장 상처를 주고받는 존재이다. 무의식 속 뿌리 깊은 상처들은 쉽게 사라지지 않으며 평생 영향을 끼친다. 진정한 마음의 안식과 자유를 찾기 위해서는 가족을 용서하고 치유하는 것이 중요하다.

　사랑하는데 왜 상처를 줄까? 부모만큼 자녀를 사랑하는 사람은 없지 않은가? 아무리 깊은 사랑이라도 상처를 남길 수 있다. 그 이유는 서로 입장과 기대하는 바가 다르기 때문이다. 부모와 자녀는 자녀가 독립하기 전까지 가장 가까워 서로 많이 기대한다.

　어린 시절의 아이는 미성숙한 자아로서 부모를 모방하면서 자란다. 부모는 무의식적인 성향과 가치관을 많이 물려준다. 부모의 편향된 사고와 부족한 부분도 같이 전달된다.

　부모가 되면 자신과 배우자의 나쁜 점은 물려받지 않길 바라지만 부모가 바뀌지 않으면 자녀는 부모의 모습을 그대로 답습한다. 부모와 자녀는 각자 부족한 부분이 있지만 이들은 서로 상대방이 완전하길 기대하는 마음이 있다.

　부모는 자신이 못다 이룬 꿈을 자녀에게 무의식적으로 바라는 마음이 있다. 반대로 자녀는 부모에게 완전한 의존 상태이므로 전지전능하고 완벽한 이상형의 부모를 마음속에 그리고 있다. 서로 부족한 모습을 보며 무의식적인 분노를 느낀다.

　'우리 아이는 왜 이렇게 하지 않을까?', '우리 엄마 아빠는 왜 이렇지 않을까?'라며 무의식적 기대를 포기하지 못하고 서운해한다. 자녀는 부모에게 좀 더 많은 것을 받고 싶고, 부모는 자식이 부모의 기대만큼 잘 살길 바란다. 불만이 해소되고 있는 그대로를 인정하고 받아들이려면 많은 시간이 필요하다.

부모와 애착 관계가 형성되면 공감 능력과 사회성이 발달한다. 자녀가 가장 먼저 공감하는 사람은 부모이다. 자녀는 크면서 부모를 기쁘게 하려고 부모가 바라는 일들을 한다. 근본 욕구는 부모가 행복하길 바라는 마음과 사랑받고 인정받으려는 마음이다.

부모는 자신의 노력이 자녀의 행복을 위한다고 생각한다. 그래서 자녀가 부모를 위해 공부하고 노력한다는 것을 알지 못한다. 착한 아이들일수록 부모가 기뻐하면 더 열심히 한다. 그러다 보니 결국 아이를 위한다는 명목으로 부모가 원하는 길을 아이들이 선택하게 한다.

어릴 때부터 부모가 세워준 계획을 따르다 보면 자녀의 무의식 속 잠재력과 좋아하는 걸 하고 싶은 욕구가 발달하지 못한다. 스스로 탐색하는 자유와 기회를 잃는다. 학생 때 자유롭게 내면의 욕구를 실컷 탐색해야 평생의 진로를 제대로 찾을 수 있다.

자녀가 부모에게 가장 많이 겪는 상처는 형제자매들과의 경쟁에서 비롯된다. 사랑을 나눠야 한다는 느낌은 아이에게 괴로운 일이다. 자녀는 부모가 무의식적으로 편애할 때 자신과 형제자매를 비교하고, 우월감과 열등감을 느낀다. 이는 자녀의 자존감에 무의식적 영향을 미친다.

부모 형제자매와의 관계는 사회생활에 그대로 반영된다. 부모는 상하 관계인 권위적 관계에서, 형제자매는 동료와의 경쟁적 관계에 영향을 미친다. 오스트리아의 정신의학자인 아들러(Alfred Adler)는 태어난 출생 순서가 인성 발달에 미치는 영향이 크다고 하였다.

상담할 때 가장 많이 나오는 가족 간의 갈등이 부모, 부부, 그리고 고부간 갈등이다.

2. 부부 관계

자녀가 독립하고 배우자와 결혼 후에는 부부 관계가 세상에서 가장 가까운 관계이다. 서로 다른 집안에서 자라 삶의 가치관과 문화가 다르고 남녀 성별이 다르고 성향이 다른데 같이 살려니 여간 힘든 게 아니다.

많은 이혼 사유가 성격 차이고, 많은 이들이 자녀 때문에 참고 산다는 말을 많이 한다. 서로의 입장은 자신들이 옳고 상대방이 틀리므로 화를 풀 길이 없다. 이때 공감과 사랑하는 마음이 어느 때보다 필요하다.

상대방의 입장을 헤아리고 힘든 마음을 알아주는 것만이 싸움을 해결하는 유일한 방법이다. 애증이라는 정신적 에너지의 깊은 곳에는 사랑을 주고받고 싶은 마음이 있다. 아무리 미워도 먼저 사랑을 주면 원하는 사랑을 받았기 때문에 상대방의 분노가 사라진다.

3. 고부 관계

고부 관계는 결혼한 여성들의 숙명이며 화병의 근원으로 보인다. 갱년기로 힘든 환자 중에 시어머니와의 고부 관계가 화병이 되어 스트레스를 받는 분들이 많았다. 고부 관계는 나이와 상관없다. 나이가 들어도 스트레스는 사라지지 않는다. 고부 관계는 드라마의 단골 소재이다.

남편의 애착 관계가 시어머니에서 며느리로 바뀌면 어쩔 수 없이 시어머니는 커다란 상실감이 생긴다. 며느리는 어머니에게 받고자 하는 사랑과 인정을 충분히 받지 못해 번번이 좌절한다. 남편은 그 사이에서 누구 편을 들어도 좋은 소리를 듣지 못한다.

애정의 삼각관계는 깊고 복잡하다. 가장 좋은 건 세 명의 관계가 적절하게 선을 지키는 것이다. 모자와의 관계, 부부와의 관계를 존중하는 것이 필요하다.

가족의 관계는 너무나 사랑하지만 가장 가까운 죄로 상처투성이다. 공감과 배려로 서로를 이해하고 노력해야 하지만 그만큼 중요한 것은 치유와 용서이다. 의도하지 않은 무의식적 상처를 아무리 가족에게 설명해도 이해받지 못하는 경우가 많다.

가족에게 받은 상처는 스스로 치유하고 용서하는 노력이 필요하다. 어린 시절 상처받았던 과거의 모습이 떠오르면 현재의 자신이 어린 시절 자아의 부모가 되어 꼭 안아줄 수 있다. 마음속 어린아이와의 대화는 그 아이를 치유해줄 수 있다. 치유되면 용서할 수 있다.

평생을 함께하는 가족은 나의 가장 든든한 지원군이다. 편하게 대하기보다 그 선을 잘 지키고 소중히 대한다면 나에게 무한한 에너지를 줄 것이다.

사실, 평범한 일상에서 정말 중요한 용서는 적에 대한 용서가 아니다. 가장 어려운 용서는 나에 대한 용서이다.

우리는 생각보다 자신을 쉽게 용서하지 않는다. 자신을 용서하지 않아서 생기는 감정이 바로 죄책감이다. 내 행동을 판단하는 자아는 내가 잘못했다고 결정짓고 죄책감을 부여한다. 죄책감은 자존감 저하와 우울감으로 이어진다.

무의식은 자신에 대한 죄책감과 상대에 대한 분노로 차 있다. 이러한 부정적인 감정이 무의식을 덮어버리면 영혼의 잠재력을 끌어낼 수 없다. 무의식을 충분히 활용하려면 결국 용서로 마음을 치유하고 맑게 해야 한다.

누구를 위해서가 아니라 자기 자신을 위해서, 자기 자신의 빛나는 잠재력과 밝은 미래를 위해서 용서하고 상처를 보듬기를 바란다.

4

상생과 동반으로 함께 성장하라

경쟁으로 점철된 세상, 상생의 마음을 끌어올려라

관계는 인생에서 중요하다. 우리가 맺는 인간, 자연, 우주와의 관계는 개인에게 새로운 질서와 정체성, 역할을 준다. 이들과 최적의 관계를 맺기 위해 꼭 짚고 넘어가야 할 것이 있다. 바로 경쟁이다. 경쟁이라는 무의식 속 깊은 생존 본능이 우리의 관계에도 큰 영향을 미친다.

〈슈룹〉이라는 드라마가 있다. 조선의 중전이 왕자들의 왕실 교육을 위해 고군분투하는 내용이다. 배경은 조선이지만 내용은 현대판 사교육 경쟁과 같다. 우리가 공감하는 사교육 경쟁에 대한 드라마는 〈SKY 캐슬〉부터 크게 반향을 일으켰다.

〈SKY 캐슬〉은 대치동 사교육 과외와 입시 코디네이터를 보여주며 피라미드식 입시 경쟁을 현실적으로 그려 많은 관심을 얻었다. 그 뒤로 상류층 부의 경쟁인 〈펜트하우스〉, 제주 국제 학교를 배경으로 한 〈하이클래스〉 등이 꾸준히 나왔다.

이러한 드라마의 유행은 어른부터 아이들까지 치열하게 경쟁하는 시대상을 그린다. 당시 〈SKY 캐슬〉에 나온 고액 사교육 과외와 입시 코디네이터를 비판하면서도 이에 대한 관심이 오히려 올라갔던 현실은 우리가 치열한 경쟁을 피할 수 없는 삶으로 받아들인다는 것을 보여준다.

경쟁은 육체적, 심리적, 사회적 스트레스를 유발하고 번아웃에 이르게 하는 삶의 방식이다. 경쟁과 상생이 균형 있게 공존하는 관점을 가져야 최적의 삶을 이룰 수 있다.

경쟁과 상생은 공존할 수 있는가?

그렇다면 경쟁과 상생이 어떻게 공존할 수 있는가?

이 고민을 해결하도록 큰 역할을 해준 책이 있다. 바로 『꽃들에게 희망을(Hope for the Flowers)』이다. 영미 작가인 트리나 폴러스가 1972년 출간한 이후 전 세계로 번역되었고 우리나라에는 1999년에 소개되었다. 내가 20대에 접어들었을 때이다.

이 책의 주인공은 애벌레이다. 애벌레가 길을 지나다가 한 기둥을 만난다. 그 기둥은 수많은 애벌레로 뒤덮여 있다. 애벌레들은 자신들이 왜 기둥을 오르는지 몰랐다. 남들이 오르니까 위에 무언가 좋은 것이 있으리라는 기대가 있었다.

주인공 애벌레 역시 기대하며 기둥을 오르기 시작했다. 기둥을 오르자 애벌레들에게 짓밟혔다. 오르기 위해 자신도 다른 애벌레들을 짓밟아야 했다. 지친 애벌레들이 쓰러졌다.

중간에 포기할 수 없어 끝까지 오르기로 했다. 정상에 오른 순간 아무것도 없었다. 주위에는 수많은 애벌레 기둥이 가득했다. 정상에 오른 애벌레들은 절망하여 아래로 떨어졌다. 그 사이를 나비가 유유히 날아다녔다. 그 나비는 기둥에 오르기 전 만났던 친구 애벌레였다.

주인공 애벌레는 삶을 포기하지 않고 힘들게 기둥을 내려왔다. 계속 잎을 먹었다. 시간이 지나 번데기가 되었다. 얼마나 지났는지 모를 즈음에 나비가 되었다. 그는 새로운 삶을 시작했다. 원래 자신의 본모습이자 삶의 이유인 나비였다.

나는 22살까지 기둥을 오르는 애벌레였다. 왜 오르는지 모르는 채 사회적 기준에 맞춰 공부하고 좋은 성적을 받는 삶을 지속했다. 의과대학 본과에 들어가자 끊임없는 시험이 있었고, 성적이 매겨졌다. 점수를 잘 받기 위해 잠을 줄이고, 최선을 다했다. 노력한 결과로 성적이 오르면서도 가열되는 서로 간의 경쟁심은 마음을 지치게 했다. 마음속으로 서로를 비교하고 자존심에 상처를 주고받았다.

나의 방황이 터진 것은 본과 2학년 시절 1등을 했을 때였다. 좋은 성적을 얻으면 출중한 실력을 쌓고, 훌륭한 의사가 되리라 믿었다. 그러나 좋은 성적과 훌륭한 의사는 각자 다른 의미의 목표들이었다. 좋은 성적이 목적인 공부는 시험이 끝나자 그 의미를 잃었다. 지식은 모래성처럼 사라졌다. 몸과 마음은 번아웃이 왔다. 그 끝에는 아무것도 없었다. '나'라는 사람이 왜 사는지, 무엇을 위해 살아야 하는지에 대한 고민은 없었다.

기둥을 내려오면서 나의 존재와 삶의 목적을 찾는 질문을 시작했다.

'다른 사람들과는 다른 나만의 장점은 무엇인가?'
'경쟁하지 않고 세상을 성공적으로 사는 방법은 무엇인가?'

1등이 아니라 브랜드를 목표로 하라

깊은 고민 끝에 답을 찾게 되었다. 1등이라는 목표를 대체할 수 있는 것은 '브랜드(Brand)'였다. 남들과는 다른 자신만의 브랜드로 성공한다면 1등을 목표로 남들과 치열하게 경쟁하지 않아도 되었다.

브랜드는 자신만의 고유한 정체성과 잠재력에서 나온 가치이다. 누구와도 비교할 필요가 없으며 경쟁하지 않고 '경쟁력'을 가지게 된다. 브랜드는 자신이 태어난 목적에 가장 근접하여 환경에 적응하며 진화한다. 세상의 순리를 따르기 때문에 조화롭고 자연스럽다.

이는 애벌레가 나비가 되는 것이다. 나비는 애벌레의 브랜드이다. 나비는 조화롭게 세상의 이치 속에서 산다. 애벌레가 나비가 아닌 다른 존재가 되려고 하면 세상의 이치를 거스르게 된다.

자신만의 브랜드를 만들기 위해 내면의 빛나는 가치를 찾는다. 영혼에서 나오는 가치는 사랑의 에너지를 가지며 세상과 공명한다. 세상에 이로운 가치는 사명이 된다.

가치를 빛내기 위해서는 지속적인 진화를 거듭해야 한다. 애벌레가 번데기가 되고 허물을 벗듯 틀을 계속 깨야 한다. 과거와 현재, 미래는 언제나 새롭게 창조되고 재해석된다.

자신의 브랜드는 다른 사람 또는 세상과 연결된다. 서로의 강점을 연결하고, 약점을 보완하여 시너지를 낸다. 모두가 함께 승자가 된다.

브랜드를 가진 삶은 영적 자아를 성장시키고, 진화시킨다. 이 삶은 다른 사람이 브랜드로 성장할 수 있도록 진심으로 함께 돕는다. 함께 성장하는 순수한 기쁨을 경험한다.

피라미드같이 견고한 애벌레 기둥은 좀처럼 무너지지 않는 성을 쌓는다. 그러나 나비가 되려는 노력은 잠들어 있는 애벌레들의 마음을 움직일 것이다. 그들의 잠재력이 점차 나비 효과를 일으켜 세상의 빛나는 애벌레들을 깨우길 바란다.

5

세상을 연결하라

우리는 연결을 통해 진화한다

사람들과 상생하는 법은 휴먼 브랜드로서 함께 나아가는 것이다. 그런데 과학이 발전하며 또 다른 경쟁 상대가 나타났다. 바로 인공 지능이다. 인간이 인공 지능에 대체되지 않으려면 어떻게 진화해야 할까?

1파트에서 이야기한 '최적의 삶을 위한 세 가지 개념'은 인공 지능을 넘어서는 데 도움이 된다. 무의식을 활용하여 스펙트럼 사고를 하는 것, 일과 쉼을 조화롭게 하여 창의 융합 뇌 신경 네트워크를 활성화하는 것, 양자 컴퓨터 같은 무의식을 활용하여 최적화된 답을 찾는 것이 그러하다.

또한 우리는 연결로 진화한다.

사람들이 가장 먼저 떠올리는 건 인간과 과학 기술의 연결이다.

일론 머스크가 세운 뉴럴 링크라는 회사는 인간의 뇌와 컴퓨터를 연결하는 것이다. 인간의 뇌가 컴퓨터와 연결되면 뇌는 진화할 것이다. 과학기술의 발달은 인간의 뇌와 인공 지능의 연결, 메타버스와 같은 디지털환경과의 연결을 촉진한다.

〈정이〉라는 영화에서 식물인간이 된 사람의 뇌를 육체에서 분리하여인공 지능 로봇에 이식한다. 이 로봇은 전투 용병으로 개발된다. 영화 〈매트릭스〉에서는 메타버스와 같은 가상 현실에 살면서 인공 지능의 지배를 받는 미래의 인류를 그린다.

인간과 인공 지능의 연결 〈정이〉, 인간과 가상 현실과의 연결 〈매트릭스〉

인간과 인간 사이의 연결이 먼저다

그러나 인간과 기술이 연결되기 전에 사람과 사람 사이에 최적의 연결이 먼저 이루어져야 한다. 최적의 상대와 최적으로 연결되려면 우리의 무의식이 연결되어야 한다. 무의식의 연결은 무한한 진화의 가능성이 있다.

무의식으로 최적의 상대와 최적의 연결을 이루고 진화하는 것을 나는 '휴먼 뉴럴 링크'라고 부른다. 휴먼 브랜드가 연결되는 상생의 에너지는 세상을 긍정적으로 변화시킨다. 영혼이 주는 사명을 가진 최적의 관계는 과학 기술의 발달이 선한 목적을 향하도록 돕는다.

결국 인공 지능과 디지털 기술의 초연결이 아무리 발전하더라도 선한 영향력을 미치는 최적의 관계인 휴먼 뉴럴 링크가 이루어진다면 우리는 미래를 두려워할 필요가 없다. 휴먼 뉴럴 링크는 최적의 삶을 사는 리더들이 최적으로 연결되어 미래를 이끈다.

우리가 걱정하는 인공 지능 시대의 도덕성과 정체성의 혼란 역시 미래의 삶을 위해 최적의 답을 찾는 리더들이 있다면 해결된다. 이들은 나와 사회, 자연, 우주와 연결되어 조화로운 답을 찾는 통찰력을 가진다.

SF 영화에 나오는 디스토피아적 미래는 리더가 기술을 선한 목적으로 사용하지 않거나 순리에 거스르는 판단을 할 때 일어난다. 우리가 기대하는 긍정적인 미래는 결국 리더들이 최적의 답을 찾아갈 때 이루어진다.

최적의 상대와 최적의 연결을 이루는 방법

그렇다면 미래를 바꾸는 열쇠인 최적의 상대와 최적의 연결을 이루는 방법에 대해 알아보자.

1. 최적의 삶을 살아라.

최적의 상대를 만나려면 내가 최적의 삶을 살아야 한다. 잘못된 인연을 만나는 이유는 내가 자신을 잘 모르고 있어서다. 내가 잘못된 방향으로 가고 있는데 좋은 인연을 만날 리 없다. 최적의 삶 속에서 무의식은 내가 원하는 최적의 상대를 만나도록 이끈다.

2. 무의식에서 최적의 상대를 찾아라.

내가 최적의 삶을 살고 원하는 바가 명확해지면 내가 바라는 사람이 나타난다. 자신도 모르게 마음이 끌리는 사람이 있다면 그 의미를 찾아본다. 무의식에서 최적의 상대라는 확신이 들면 적극적으로 다가가라.

3. 나와 맞지 않는 사람은 거절하라.

사회적 필요로 만나지만 왠지 피하고 싶은 사람들이 있다. 그들과의 관계가 당장 이익을 주더라도 나와 최적의 관계를 이룰 수 없다면 한 발 물러서는 것도 필요하다. 왜 불편한 마음을 가지는지 곰곰이 생각해보고 맞지 않다면 거리를 두는 게 좋다.

억지로 끌고 가는 관계는 부정적 에너지를 많이 소모한다. 가까운 관계일수록 에너지 소모는 커진다. 문제는 이 관계가 무의식에 부정적 영향을 끼쳐 다른 최적의 관계에 영향을 미친다는 것이다. 최적의 관계로 최적의 연결을 추구한다면 이런 관계는 정리하는 게 도움 된다.

4. 최적의 상대를 만날 수 있는 최적의 환경을 찾아라.

환경은 관계를 연결하고 목적을 만든다. 최적의 상대를 만나지 못했다는 생각이 들면 환경을 바꿔보는 것도 좋다. 내가 원하는 삶을 이루기 위한 환경을 머릿속에서 상상하고 무의식이 주는 답을 따라라. 새로운 도전은 새로운 기회를 준다.

5. 무의식을 연결하는 깊은 관계를 맺는다.

최적의 상대를 만나면 최적의 연결로 진화하기 위한 노력이 필요하다. 일만 같이하는 피상적인 관계는 최적의 관계가 아니다. 이제까지 설명했던 방법들로 서로의 내면을 읽고 가까워지는 시간이 필요하다.

환대와 공감의 마음으로 상대방이 진심으로 원하는 삶을 이해한다. 가치관과 삶의 목적 등 그를 이해하는 충분한 시간을 가진다.

갈등이 생긴다면 오히려 기회이다. 서로의 무의식적 상처를 들여다보고 치유해줄 수 있는 시간이다. 용서와 치유의 과정에서 둘의 관계는 진화한다.

서로의 무의식을 들여다보며 잠재력을 찾고 상생하는 방법을 찾는다. 휴먼 브랜드로 함께할 때 진정으로 동반 성장할 수 있다. 함께 만드는 선한 영향력은 더 많은 최적의 관계를 찾아낸다.

6. 세상의 흐름에 따라 최적의 연결을 만든다.

최적의 삶은 시간과 환경에 따라 계속 바뀐다. 그에 따라 최적의 상대와의 최적의 연결도 바뀐다. 이 흐름을 이해하면 물 흐르듯이 유연하고 개방적인 최적의 관계를 만들 수 있다. 과거의 후회와 미련보다 새로운 관계에 대한 기대로 최적의 상대를 기다리자. 세상은 언제나 나를 환대한다는 것을 믿는다.

인간과 환경의 연결
- 우리의 삶은 자연과 우주에서 태어난다

인간과 기술의 연결, 사람 간의 최적의 연결과 함께 인간과 환경의 연결도 중요하다. 환경이 우리에게 미치는 영향은 무엇보다 크다. 우리가 환경과 최적의 연결을 이룬다는 건 최적의 에너지를 주고받는 것이다. 우리의 삶은 자연과 우주에서 태어난다.

여러분은 여러분이 사는 장소를 사랑하는가? 여러분의 고향, 학교에 대한 기억은 어떠한가? 친구들과 놀던 기억, 데이트하며 사랑을 나누고, 자녀와 놀던 기억 속 추억의 그 장소들은 아련하게 마음속에 남아 있다. 이러한 장소들은 시간이라는 앨범 속에 차곡차곡 쌓여 우리의 인생을 완성해간다.

나는 부산에서 6년째 거주 중이다. 부산에 살며 이곳을 사랑하게 되었다. 부산의 맑고 푸른 하늘과 바다, 푸르른 자연과 어우러진 도시의 모습은 삶에 새로운 공기를 불어넣었다.

나는 서울에서 태어나 30년을 넘게 살았는데 이때도 서울을 사랑했다. 멋지게 건축된 빌딩은 심미적 행복감을 주었고 번화한 도시는 열정적이었다. 가정의학과 전공의 때에는 지방 파견을 많이 다녔다. 그중 제일 좋았던 곳은 제주도였다. 제주도는 휴양지로서 곳곳에 아름다운 산과 바다가 있고, 동네를 거닐다 보면 바다의 짠 내음이 느껴진다. 따뜻한 고기국수와 전복죽, 흑돼지, 은갈치 조림은 제주에서 먹어야 진미이다.

공간은 우리에게 많은 것을 선물해주고, 어떤 것보다 많은 영향을 준다. 공간은 우리가 태어나기 전부터 존재했으며, 시간이 지나오면서 지금의 자연이 만들어졌고, 문화가 쌓이고, 역사가 만들어졌다. 자연, 문화, 역사 속에 우리는 한 부분으로서 그 정체성을 형성한다.

우리는 일상생활 속에서 그 공간에 적응하며 살다가 새로운 장소를 여행하고 싶다는 욕구를 가진다. 여행은 낯선 이미지들로 우리에게 새로운 감각을 일깨운다. 새로운 자극은 일하던 뇌를 쉬게 하고, 호기심은 창조적 욕구를 자극한다. 우리는 새로운 에너지를 충전한다.

그러던 우리가 제한된 공간에 갇힌 적이 있었다. 바로 코로나 팬데믹이다. 팬데믹은 우리의 활동 범위를 축소하고 여행을 금지했다. 팬데믹이 끝난 지금 우리의 탐험 욕구는 아직도 갈증을 충분히 채우지 못했다.

우리는 다시 세계로 발걸음을 향한다.

여행에는 여러 목적이 있지만 새로운 자연과의 만남은 큰 의미가 있다. 맛있는 음식, 미술관, 쇼핑, 스파는 어디든 있지만 자연은 그 자리에만 유일하게 존재하기 때문이다. 자연은 우리에게 무한한 에너지를 선물한다. 우리는 자연을 만나며 그 에너지를 받는다.

자연의 에너지를 깊게 느끼게 된 건 기장 아난티 힐튼 호텔에서 웰니스 클리닉을 운영한 시기이다. 기장 바다를 앞에 둔 아난티 코브는 지중해식 카페 분위기가 났다. 하얀 건축물은 푸른 하늘과 바다와 자연스럽게 어울렸다.

매일의 날씨에 따라 하늘과 바다의 색은 바뀌었다. 맑은 날은 구름까지 선명한 푸른 하늘에 에메랄드빛 바다가 수평선과 맞닿아 이어졌다. 바람이 거칠게 부는 날은 잿빛으로 변한 파도가 삼킬 듯이 거칠게 몰아쳤다. 5년간 단 하루도 같은 날이 없는 아름다운 풍경이었다.

내가 운영했던 병원은 질병을 예방하고 건강 수명을 증진하는 웰에이징 클리닉이었다. 환자들은 자연을 품은 이곳에서 몸과 마음을 치유했다. 자연의 에너지는 치료자와 환자에게 모두 흡수되었고, 따뜻한 공기가 만들어졌다.

우리는 살면서 많은 에너지를 소모한다. 일하면서 집중하거나 스트레스를 받을 때 정신적 에너지가 많이 소모된다. 사람들을 만나면 위로와 격려, 공감과 같이 긍정적 에너지를 받기도 하지만 갈등으로 인해 에너지가 소모되기도 한다.

자연은 에너지를 충만하게 채워준다. 아낌없이 주는 나무처럼 좋은 에너지를 채워준다. 명상과 요가를 통해 몸과 마음을 이완하고 자연의 기운을 받아들이면 힐링 에너지가 가득 찬다. 자연은 언제나 우리를 환대한다.

자연의 생태계 안에서 인간은 에너지를 주고받는 순환의 관계이다. 우리는 자연으로부터 받는 것에 비해서 주는 게 인색하다. 자원 고갈과 기후 위기, 환경 오염은 인간에게로 돌아온다. 인간의 사랑과 선한 영향력이 자연과 지구, 우주로 퍼져 최적의 관계를 이루길 바란다.

우리는 혼자서는 살아갈 수 없다. 무의식에서 찾는 잠재력 역시 타인과 연결되고 세상 속에서 함께하고 상생하는 데서 의미가 생긴다. 남과, 세상과, 자연과 최적의 연결을 하라. 연결이 당신을 진화시킬 것이다.

6

최적의 영향력의 원을 만들어라

당신이 가진 '영향력의 원'을 그려보라

80억 세계 인구, 5천만 대한민국 인구 중에 나와 관계를 맺는 사람은
얼마나 될까?
평생 몇 명의 사람들과 직접적이고 의미 있는 관계를 맺게 될까?
나는 몇 명의 사람들에게 영향을 미치며 살게 될까?

나와 연결된 사람들은 인생에 걸쳐 큰 영향을 끼친다. 넓은 의미로는
80억 세계 인구와 5천만 대한민국 인구가 다 연결되어 있지만 서로 이름
을 알고 의미 있는 관계를 맺는 사람은 평생에 걸쳐 어느 정도 정해져 있
다.
이름을 안다는 것은 존재를 안다는 뜻이다. 서로 이름을 알고 직접적

이고 의미 있는 관계를 맺는 사람을 머릿속에 떠올려보라. 몇 명 정도 되는가. 100명? 500명? 1,000명? 이 중 연락해서 안부를 묻고 삶을 공유한다고 느끼는 사람들을 추려보자.

이들을 나와 심리적, 사회적으로 가까운 순서대로 나열해보자. 나를 중심으로 원을 층층이 쌓아보자. 그리고 그 주위를 내가 속한 사회, 국가, 세계로 둘러싼다. 이렇게 만들어진 원을 인간관계에서의 '영향력의 원'이라고 한다.

영향력의 원(인간관계)

분류	이름
가족	
친구, 지인	
직장 동료	

영향력의 원은 서로 영향을 끼치는 정도에 따라 나를 중심으로 이어진 거리가 달라진다. 거리는 연결 강도에 반비례하고, 심리적 거리에 비례한다. 대부분 가장 가까운 거리에 있는 사람들은 가족이고, 다음이 지인,

친구 또는 직장 동료, 업무 파트너 등일 것이다.

이러한 영향력의 원의 특징은 내가 속한 시간과 공간에 따라 변할 수 있다는 것이다. 이 순간, 이 공간에서 내가 누구와 관계를 맺고 에너지를 쏟고 있는지 한눈에 볼 수 있다. 또한 정말 필요하고 의미 있는 인간관계에 에너지를 쏟기 위해 주도적으로 재배치할 수 있다.

이러한 심리적 영향력을 한눈에 살펴보고, 긍정적 인간관계를 맺을 사람들을 다시 정리하면 심리적 에너지를 효율적으로 분배할 수 있다. 나와는 크게 의미 없는 사람들과 시간을 보내거나 그들에게 부정적 영향을 받고 있다면 심사숙고하여 마음의 정리를 하면 한결 가벼워진다.

정리한 뒤 내 사람들에게 마음을 집중해본다. 인생에 이들은 내게 어떤 의미가 있고 무엇으로 연결되어 있는지 생각해본다. 갈등은 무엇인지, 어떤 비전을 나누는지, 시간을 얼마나 함께 보내는지 생각해본다. 소중한 사람인데 놓치고 있다면 좀 더 챙길 수도 있다.

최적의 영향력의 원
– 최적의 관계, 최적의 거리

중요한 것은 이 사람들이 내 삶에 큰 영향을 준다는 것이다. 그러므로 영향력의 원은 내 삶의 목적과 방향에 일치하거나 가까워야 한다. 의무적으로 인간관계를 맺거나 남에게 휘둘리는 삶은 최적의 삶이 아니다.

최적의 삶은 최적의 관계에서 나온다.

　내가 그들과 연결되어 있다는 의미는 그들의 정체성이 나와 관련 있다는 의미이다. 나의 자아는 그들과 연결되어 확대된다. 그들과 마음이 공명하면 내 에너지와 파장은 그들과 연결된다.

　최적의 건강과 행복은 마음과 몸의 파장이 서로 결맞음이 일어나는 과정이다. 최적의 관계는 나와 영향력의 원에 있는 사람들이 서로 결맞음이 일어나는 과정이다. 그들과 나의 에너지 파장의 결맞음이 일어나면 나의 심리적, 사회적 에너지는 확장된다. 긍정적인 파장은 서로에게 선한 영향력을 끼친다.

　최적의 영향력의 원은 내가 소중하게 여기는 사람들과 최적의 관계를 이루며 최적의 거리로 연결될 때 이루어진다. 최적의 영향력의 원을 고려하여 나의 에너지를 확장해보자.

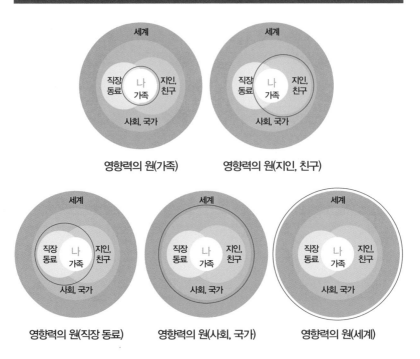

영향력의 원 : 나로부터 가까운 순서대로 가족, 친구, 동료, 사회, 세계가 있다.

영향력의 원(가족)

영향력의 원(지인, 친구)

영향력의 원(직장 동료)

영향력의 원(사회, 국가)

영향력의 원(세계)

1. 최적의 영향력의 원: 가족

앞의 '치유하고 용서하라'에서 자세히 설명하였다. 내게 가장 가깝고 큰 영향력을 미치는 가족과는 치유와 용서로 사랑의 에너지를 확장하는 게 중요하다.

2. 최적의 영향력의 원: 지인, 친구

어린 시절 함께했던 친구들은 큰 의미를 지닌다. 순수하게 만난 친구는 인생에 큰 힘이 된다. 우리는 친구를 통해 공감과 위로를 받는다.

학교에서 만난 친구들은 비슷한 목표로 공부하며 비교하고 경쟁한다. 이때 내 자존감이 형성된다. 비슷한 삶을 사는 친구, 지인 관계에서 고민할 주제는 자존감이다.

자존감(Self-esteem)은 자아존중감이라고도 한다. 자존감은 본인의 능력과 가치에 대한 평가와 태도이다. 자신이 사랑받을 가치가 있는 소중한 존재이자 유능한 사람이라고 믿는 마음이다. 자아존중감이 있는 사람은 정체성을 제대로 확립할 수 있다.

사람들은 여러 기준과 비교를 통해서 본인의 능력과 가치를 깨닫는다. 첫 사회생활인 학교는 다양한 기준과 평가가 있다. 학업 성적, 교우 관계, 또래 사이의 외모나 인기 등을 평가받으며 내적 정체성을 형성하고 본인의 능력과 가치를 평가한다.

객관적 기준에 자신을 맞추면 타인의 평가에 민감해지고 쉽게 휘둘린다. 또래 집단의 영향을 쉽게 받고, 부모와 선생님들의 칭찬과 인정으로 능력을 평가한다. 자존감이 단단해지려면 자신이 스스로를 평가하는 과정이 필요하다. 자신을 신뢰하고, 잠재력을 알아가다 보면 자신에 대한 평가가 순수해진다. 자신만의 꿈을 만들 때 성장 과정을 스스로 평가할 수 있다. 남들과의 비교에서 벗어나 자신에게 집중한다.

이는 성인이 되어서도 마찬가지이다. 자신의 있는 그대로를 가까운 친구나 지인들에게 편안하게 보여주는 건 자존감이 내면에 잘 자리할 때이다. 자존감이 충분하면 친구들과의 관계가 서로 힘이 되는 진실한 관계로 이어진다.

가족 다음으로 가까운 친구, 지인과의 최적의 관계는 비교하거나 경쟁하는 것보다 서로의 다채로운 잠재력을 신뢰하고 함께하며, 응원하고 격려하는 관계이다. 서로의 존재를 있는 그대로 인정할 때 영혼의 연결은 따뜻하게 빛난다.

3. 최적의 영향력의 원: 직장 동료

직장 동료는 하루 중 많은 시간을 함께하는 관계이다. 그런 만큼 위기와 갈등도 많다. 직업에 대한 만족도에서 중요한 역할을 차지하는 것이 조직 내 인간관계이다. 이들의 문제는 대체로 역할 갈등과 성격 차이가 가장 많다.

전문화된 부서는 각자의 역할이 명확하게 주어져 있고, 업무 분야에 따라 성향도 달라진다. 재무를 담당하는 사람은 현실적인 숫자와 성과지표에 집중하고, 마케팅을 담당하는 사람은 눈에 보이지 않지만 쌓여가는 데이터와 트렌드 분석이 중요하다.

실무 책임자는 마케팅 내용이 현실적인 실무를 반영하지 못하는 경우 답답하다. 현실적 업무를 이해하지 못하고 성과를 평가하는 재무 담당자와는 소통의 어려움을 겪는다.

또한 책임과 권한이 주어지는 관리자와 리더의 자리는 많은 사람에게 영향을 미친다. 회사와 직원의 입장을 조율하는 일은 가장 어려운 일 중 하나이다. 수직적 인간관계를 중시하는 사람과 수평적 인간관계를 중시하는 사람 사이에도 마찰이 생긴다.

세대 간 가치관 차이도 직장 내 인간관계에 영향을 미친다. 20대에서 40대 초반인 MZ 세대는 '몸과 마음의 여유'를 중요시한다. 일과 삶의 균형을 맞추며 삶의 만족을 추구한다. 40대 중반에서 60대 이상의 세대는 공동체 의식이 강하다. 조직을 위해 헌신하고 늦게까지 야근하며 노력한 세대이다. 그래서 회식 문화나 개인의 희생을 어느 정도 수용한다. 기존 세대는 MZ 세대를 개인적이라고 하며 불만을 쏟고, MZ 세대는 이들이 권위적인 꼰대 의식을 가졌다고 비꼰다. 서로 기대치가 달라 회사 문화에서 잘 연결할 필요성이 있다.

여러 입장의 차이를 수용하고 조화시키기 위해서는 공감이 중요하다. 상대방의 입장을 헤아리는 마음이 갈등을 해소할 수 있다. 공감하려면 충분한 소통이 필요하다. 일에 집중하다 보면 사소한 갈등은 참고 지나치는 경우가 많다.

사소한 갈등처럼 보이지만 사실은 깊이 있는 가치관의 문제이거나 입장의 차이가 큰 문제일 수 있다. 지속적인 소통을 하지 않으면 갈등의 골은 깊어지고, 퇴사를 고려하는 심각한 문제로 번진다. 공감을 위한 소통은 미루지 말고 언제든 시작해야 한다.

4. 최적의 영향력의 원: 사회

사회는 여러 집단으로 구성된다. 비슷한 성향이나 같은 비전을 공유하는 집단들은 가치와 이익을 공유한다. 그러다 보면 다른 집단끼리 갈등이 생기거나 사회가 분리되기도 한다. 대표적인 집단의 분리는 정치적 성향, 경제적 차이, 나이와 세대, 성별, 지역, 종교 등이다.

그중 코로나 팬데믹 이후에 급격하게 나타난 디지털 대전환은 세대를 나누는 벽이 된다. 디지털 기기에 익숙한 MZ 세대와 알파 세대와는 달리 이전 세대는 아날로그 문화에 익숙하고 디지털 세상에 상대적인 두려움을 갖는다.

2007년 아이폰이 세상에 나온 뒤에 태어난 알파 세대는 스마트폰 없는 세상을 상상하지 못한다. 이들을 우리는 디지털 원주민(Digital Native)이라고 한다. 또 디지털 기기를 갖추고 장소에 구애받지 않고 일하는 사람을 디지털 유목민(Digital Nomad)이라고 한다.

MZ 세대, 알파 세대와 더불어 떠오르는 세대가 있다. 바로 시니어 세대이다. 시니어 세대는 은퇴를 앞둔 건강하고 경제력 있는 세대로, 50~60대 이상이지만 사회 활동을 활발하게 한다. 건강 수명이 길어지고 인구의 노령화가 진행되면서 시니어 세대가 주목받고 있다.

최근에는 이들을 YOLD(Young Old)라고 부르는데 젊게 사는 시니어라는 뜻이다. 또 이들은 SOLD(Smart Old)라고도 부르는데 디지털 환경에 관심이 많은 시니어를 뜻하고, OPAL(Old People with Active Lives) 세대라고 하여 활동적인 시니어라는 표현을 쓴다.

새로운 시니어 세대는 잠재력이 높다. 이들은 사회의 리더이다. 사회적 리더들은 통찰력이 있고, 사회적 영향력이 있어 미래 사회와 다음 세대에 관심이 많다. 자연스럽게 디지털 전환에 적극적으로 동참하려 한다.

이들의 잠재력은 통찰력에 있다. 수십 년간 전문 분야의 일을 하며 전문가가 되고 나면 그 정점에서 보이는 통찰이 있다. 견고한 자존감과 인생을 수용하는 태도는 마음의 벽을 허물고 새로운 것을 받아들일 준비가 되어 있다.

이들의 통찰력은 다음 세대에 영감을 준다. 이들은 사회에서 MZ 세대, 알파 세대의 멘토가 되어줄 수 있다. 젊은 세대는 시니어 세대와 교류하며 새로운 세대를 책임질 수 있다. 시니어 세대와 젊은 세대가 긍정적으로 연결되면 사회는 선순환을 그릴 것이다.

5. 최적의 영향력의 원: 세계

5천만의 대한민국과 80억 명의 전 세계가 연결되는 주제는 디지털 가상 세계의 연결이다. 서로 다른 도시에 살면 자주 만나기 힘들어 관계의 연결이 약해진다. 해외라면 더 그렇다. 하지만 공간의 제약이 없는 디지털 세상이라면 다르다.

디지털 가상 세계에서의 만남은 일상이 되었다. 인스타그램, 페이스북으로 일상을 공유하고, 카카오톡으로 안부를 전하고, 줌으로 미팅하는 시대이다. 유튜브로 개인의 독창적인 콘텐츠를 올리면 전 세계에 퍼지고, 구독자 수는 몇만 명에서 몇억 명까지 늘어난다.

디지털 가상 세계의 사회적 관계가 현실 세계와 다른 점은 무엇일까?

현실 세계에서는 가까운 사람들끼리 만나 대화로 자신의 삶을 공유한다. 스토리텔링 방식의 대화는 친밀한 정도에 따라 내밀한 사적인 이야기가 된다. 삶을 함께한 시간만큼 경청하고 공감하며 격려해주는 과정을 통해 서로에게 좋은 에너지를 준다.

인스타그램이나 페이스북은 자신의 일상을 수백, 수천 명 또는 그 이상의 사람들에게 공유한다. 이들은 아는 지인일 수도 있고, 전혀 모르는 사람일 수도 있다. 이들은 팔로워이다. 내 일상을 영상이나 사진, 글로 업로드하면 '좋아요'를 눌러주는 피상적 관계이다.

'좋아요'를 많이 받거나 팔로워가 늘면 대중의 인기를 얻는다. 유명한 인플루언서가 되면 광고 협찬이 들어온다. 유명한 셀럽들은 억 단위의 팔로워가 생기기도 하며, 몸값이 치솟는다. 그러다 보니 자신의 장점을 극대화하고 이상화하는 모습을 많이 선택한다. 사람들의 호감을 많이 받는 콘텐츠를 올린다. 흥미롭고 자극적인 내용을 찾는다. 사람들이 좋아하는 내용은 부유함, 아름다움, 맛과 멋, 지성, 재미 등이다.

피상적인 대중의 관심과 인기에 집중하면 자신의 진실한 모습을 잃어버린다. 반대로 사람들을 팔로우하면서 보게 되는 좋은 이미지에 자신을 비교하며 상대적 박탈감을 느낀다. 과도한 일상의 공유는 사생활 노출로 인한 안전의 문제로도 이어진다.

내면에 집중하기보다 외면의 이상화에 치중하면 생각의 깊이가 얕아진다. 보이는 화려함을 좇으면 물질주의에 빠진다. 사회적 인기가 자존감의 척도가 되면 자존감은 불안정해진다.

디지털 세계에서 많은 사람과 연결될수록 자신의 정체성을 찾는 것이 중요하다. 자신의 진정한 가치를 알고 나누고자 하는 사람들은 세상에 영감을 준다. 그것이 휴먼 브랜드이다.

세상의 유일한 존재로서 가지는 개성과 잠재력은 그 자체로 빛이 난다. 화려하거나 흥미롭거나 자극적일 이유가 없다. 내면이 가진 빛을 나누기 위해 삶을 공유하고 생각을 나눈다. 안정적인 내면의 자존감은 그를 빛나게 만든다. 휴먼 브랜드는 사람의 마음을 따스하게 어루만지는 힘을 가진다. 그것이 그가 가진 영향력이다.

여러분이 가진 영향력의 원은 어떤가? 얼마나 넓은가, 혹은 좁은가? 그들과 선한 영향력을 주고받는가? 피상적인 관계인가? 아니면 서로에게 상처를 주며 부정적인 감정을 남기고 있는가? 자기 자신을 가꾸는 것만큼 주변을 돌아보는 것도 중요하다.

당신 주변의 영향력의 원을 점검하라. 그리고 그 안에서 당신의 빛을
나누라.

최적의 관계는 최적의 상대와
최적으로 연결되고 진화하는 관계이다.
최적의 연결로 최적의 관계 스펙트럼을 만들어보자.

PART 5

OPTIMAL

---◆---

최적의 인간이
되라

HUMANITY

최적의 인간 스펙트럼을 설정하라

1

최적의 인간, 휴먼 브랜드가 되라

이제 드디어 마지막 장에 이르러 최적의 인간에 대해 말한다. 최적의 인간은 정체성과 잠재력을 찾아 자아실현을 목표로 하는 사람을 뜻한다. 이 책에서는 영혼의 휴먼 브랜드(HBS, Human Brand with Soul), 줄여서 '휴먼 브랜드'라고 한다.

휴먼 브랜드의 특징은 최적의 삶을 추구하는 것이다. 삶을 스펙트럼으로 보고 끊임없는 성장과 진화를 추구한다. 일과 쉼의 균형을 찾고 창의적이고 융합적으로 사고한다. 무의식을 활용하여 최적의 답을 얻는다.

최적의 건강으로 생명력과 활력을 유지한다. 부정적인 무의식을 맑게 하여 영혼에서 나온 잠재력을 찾는다. 최적의 상대와 최적의 관계를 이루어 선한 영향력을 확장한다. 이러한 최적의 건강, 행복, 관계는 내가 태어난 이유, 즉 삶의 목적을 향하여 순리에 맞게 이루어진다.

삶에서 나를 이끌어가는 힘은 내가 누구인지, 어떤 능력이 있는지, 무엇을 향하는지에 의해 결정된다. 그러므로 정체성, 잠재력, 삶의 목적을 아는 것이 휴먼 브랜드가 되는 데 중요하다.

휴먼 브랜드가 세상에 영향을 미치려면 세상을 읽는 힘이 필요하다. 최근의 트렌드는 4차 산업 시대 이후의 미래를 이끌어갈 창의 융합 리더이다. 창의 융합 리더는 잠재력을 다양한 스펙트럼으로 펼친다. 재능이 하나의 분야에서 다양한 영역으로 확장되면서 창의적이고 다채로운 조합이 가능하다. 이는 차별화된 휴먼 브랜드가 되는 최적의 방법이다.

인공 지능을 넘어서는 휴먼 브랜드

인공 지능이 인간의 지적 능력을 대체하는 속도가 빨라지고 있다. 인공 지능의 진화 속도는 기술의 발전과 습득 가능한 데이터양의 증가로 매우 빠르게 진행된다. 인간의 지성을 넘어서는 인공 지능에 대해 사람들은 두려움을 갖는다. 인공 지능이 인간을 대체할 가능성에 대해 염려한다.

인간이 인공 지능을 넘어서는 방법은 무엇인가?

인간이 인공 지능과 차별화된 특징은 바로 생존 능력이다. 우리가 가진 생존 본능은 인공 지능의 진화 위에 존재한다. 인공 지능은 영혼을 가진 생명이 아니므로 생존 능력이 존재하지 않는다. 이 커다란 차이는 인간이 인공 지능을 이끄는 힘이 된다. '생존(生存), 살아서 존재함', 즉 영혼이라는 존재가 삶의 목적을 가지고 진화를 이끈다.

우리가 이 차이를 이해한다면 인공 지능을 두려워할 필요가 없다. 영혼의 잠재력을 펼치고 세상과 연결되어 진화하는 휴먼 브랜드는 인공 지능의 바람직한 진화를 이끈다. 또한 무의식에서 최적의 답을 찾는 휴먼 브랜드는 슈퍼 컴퓨터 같은 의식과 양자 컴퓨터 같은 무의식을 조화롭게 사용하여 뇌를 진화시킨다. 이러한 뇌의 진화는 인공 지능의 진화를 넘어선다. 그러므로 인공 지능 시대에 대체되지 않고 생존하고 진화하는 건 영혼의 목적을 담고 뇌의 진화를 이루는 휴먼 브랜드이다.

세상은 휴먼 브랜드를 원한다. 최적의 삶을 추구하며 잠재력을 펼치는 창의 융합 리더이자 인공 지능을 넘어서는 영혼의 휴먼 브랜드로 최적의 인간 스펙트럼을 설정하며 세상을 이끌어라!

무의식에 숨겨진 보물,
영혼의 꿈을 발견하라

어느 날 나는 꿈을 꾸었다.

하늘을 날고 있다. 맑고 푸른 하늘을 시원하게 날고 있다. 아래를 내려다보니 짙푸른 바다와 녹색의 땅, 아름다운 마을들이 보인다. 바닷속으로 들어가는 일은 무서운데 오늘은 왠지 들어가고 싶다. 혼자 들어가는 것이 무서운데 누군가 손을 잡아주었다.

바닷속에 들어갔다. 뿌옇게 앞이 잘 보이지 않는다. 숨이 찰 것 같아 걱정이었는데 괜찮다. 좀 더 깊게 헤엄을 쳐보니 저 멀리 무언가가 보인다. 자세히 보니 아주 멀리 있는 행성이었다. 그것은 전체가 보물로 덮여 있고 빛이 나는 커다란 행성이었다.

꿈에서 바다는 무의식을 상징한다. 꿈의 해석은 사람들에게서 일반적으로 나타나는 상징과 개인의 주관적인 상징이 섞여 있다. 나는 꿈에서 바닷속을 들여다보는 것을 두려워했다. 감당하지 못할 사실이 숨겨져 있을 것 같았다.

심해에서 빛나는 보물 행성을 보았을 때 그것이 영혼의 잠재력이라는 것을 알았다. 무의식 깊은 곳에 있는 영혼의 잠재력을 세상에 드러내는 일이 내가 가야 할 길이라는 걸 깨달았다.

얼마 뒤, 나는 뜻을 함께하는 공동 대표와 함께 세상 모든 이들이 가진 영혼의 잠재력을 드러낼 수 있도록 도와주는 회사, 바닷속의 보물 행성, T. planet(Treasure planet in the sea)을 만들었다.

㈜티플래닛 – Treasure planet in the sea

이는 회사의 태몽이다. 회사에 더할 바 없이 좋은 사명이다. 꿈 이야기가 회사의 브랜드가 되는 건 멋진 일이다. 꿈이라는 무의식 속에서 찾은 인생의 방향은 외부의 자극에 쉽게 휘둘리지 않는다.

하늘을 나는 꿈을 가끔 꾸는데 꿈속에서 하늘을 날면 기분이 좋다. 시원하고 자유롭다. 어떤 날은 다 짓지 않은 빌딩 사이를 날고, 어떤 날은 동화같이 아름다운 땅과 바다 위를 난다. 하늘을 나는 꿈은 자유와 독립을 갈망하는 꿈이다. 실제로 나는 자유로운 삶을 꿈꾼다.

꿈은 기억을 새롭게 연결하여 환상적인 이야기를 창조한다. 무의식은 의미가 있는 상징물들을 연결하여 창의적인 이야기를 만들어낸다. 그 자체로 개인의 개성과 주관적 메시지가 가득 담긴 그릇이다. 꿈을 통해서도 나만의 독창적인 브랜드를 찾을 수 있다.

무의식에는 무한한 잠재력이 들어 있으며, 이는 영혼과 연결되어 있다. 이를 찾기 위해 자신에 대한 깊은 관찰과 노력이 필요하다. 이 노력으로 누구나 영혼의 브랜드를 만들 수 있다.

영혼의 브랜드를 찾는 방법
– 당신의 무의식에 물어라

영혼의 브랜드를 찾기 위한 방법은 목적을 가진 존재로서 무의식에 질문하는 것이다.

시대에 맞게 진화한다는 건 순리를 따른다는 것이다. 시대와 세상을 잘 이해하고, 연결하려면 자신을 먼저 이해해야 한다. 그리고 나 자신을 이해한다는 건 내가 어떤 사람인지(정체성), 내가 왜 태어났는지(운명)를 아는 것이다.

나라는 존재가 굳이 이 땅에, 이 시점에 태어난 이유는 무엇일까? 우주의 흐름에 따라 우연히 태어났다고 생각할 수 있다. 하지만 역사적으로 일어난 사건과 인물들의 관계를 살펴보자. 크고 작은 인물들이 시대에 미치는 영향은 시공간을 초월하여 연결된다.

나와 세상의 연결은 창의 융합의 스펙트럼을 따른다. 세상과의 연결 속에 내 존재의 의미와 목적을 찾아야 인생은 순리와 운을 따른다.

정체성을 찾는 가장 훌륭한 방법은 우리의 뇌, 특히 무의식에 질문하는 것이다. 질문은 뇌가 생각할 방향을 정해준다. 정체성과 운명을 찾기 위해 질문하는 것은 자신의 영혼을 중심으로 새로운 창의 융합 연결을 만드는 과정이다.

한 여성은 30대 후반에 인생의 두 번째 위기를 맞았다. 현재의 삶이 더 이상 만족스럽지 않았다. 자신의 길을 잃어버린 듯했다. 그녀의 삶에는 새로운 변화가 필요했다.

그녀는 전문 통역가로 승승장구하고 있었다. 국가 간의 정상 회담이나 중요한 컨퍼런스에서 자신의 역할을 완벽하게 해냈다. 경제적으로 충분히 안정적이었지만 그리 행복하지 못했다. 일에서 성공하는 대신 삶의 여러 부분을 희생해야 했다.

그녀는 출장이 잦고 일이 많아 과로하였다. 실시간 통역하는 직업 특성상 항상 긴장하니 체력적으로 에너지가 많이 고갈되었다. 면역력도 떨어졌다. 번아웃이 다가오고 있었다.

가족과의 시간도 희생해야 했다. 그녀는 어린 딸과 아들이 있었는데 둘째가 태어나고 난 후 일이 많아져 아이들과 시간을 거의 보내지 못했다. 그녀는 항상 미안함을 느꼈다.

그녀는 자신의 삶을 돌아보았다. 지금 자신의 직업이 만족스러운지 생각했다. 10년 전에 자신이 이 길을 선택했던 때가 떠올랐다.

그녀는 대학 때 교육학과를 전공으로 택하면서 진로에 대한 고민이 심했다. 많은 고민 후 자신이 언어에 관심이 높고 재능이 있다는 걸 알게 되었다. 어학연수를 다녀온 후 영어와 교육학과를 복수 전공하고 통번역 대학원에 합격해 전문 통역사가 되었다.

그녀는 10년간 자신의 재능을 펼칠 수 있는 직업이 만족스러웠다. 그러나 점차 한계를 느꼈다. 통역이 다른 이들의 생각을 전달하는 일이다 보니 자신의 정체성이 사라지는 느낌이 들었다. 지나치게 과열된 경쟁 분위기에 지치고 자신의 진정한 경쟁력을 찾지 못했다.

다음 단계의 성장이 필요한 시기였다. 그리고 가족과의 시간을 보내고 싶었다. 자녀들이 엄마를 찾을 때마다 미안한 마음이 쌓여갔다. 그녀는 마음속에 숨겨둔 꿈을 찾기 시작했다. 그것은 마당 있는 집에서 개를 키우고 자녀들과 행복한 시간을 보내는 그림이었다.

그녀는 영어에 관심이 많았던 근본적인 이유를 생각했다. 그녀의 무의식에는 외국에서 살고 싶은 마음이 있었다. 새로운 곳에서 자유로운 삶을 꿈꿨다. 그녀는 남편과 깊은 대화 끝에 이민이라는 큰 결정을 내렸다.

그녀의 남편은 미국인으로 통번역 대학원 교수였다. 그는 동양의 명상과 요가에 관심이 있어 인도에서 수련받았다. 그리고 주짓수라는 운동을 좋아했다. 두 사람은 이민을 결정하면서 새로운 직업을 선택했다. 바로 주짓수 센터를 운영하는 것이었다.

둘은 미국에서 주짓수 센터를 시작했다. 센터는 명상과 운동을 통해 몸과 마음을 건강하게 하는 프로그램들로 구성되었다. 그녀는 주짓수와 명상을 배우며 건강한 체력을 갖게 되었다.

그녀는 아이들 코칭을 맡았는데 그녀의 엄격하고 동양적인 교육 방식은 서양의 부모들에게 환영받았다. 교육학과 전공 경험과 타고난 성향은 센터를 인성 교육의 장소로 발전시켰다.

그녀는 자신의 꿈대로 미국 영화에 나오는 마당 있는 집을 샀다. 마당에서 큰 개와 작은 개 두 마리를 키우며 엄마로서 자녀들과 행복한 시간을 보낼 수 있었다. 아이들과 여행을 자주 가고 시간을 보내며 가정적으로도 충만한 기쁨을 느꼈다.

그녀는 자신이 선택한 삶에 만족했다. 방황하던 정체성의 혼란을 끝내고 무의식에 있던 꿈을 실현했다. 몸과 마음이 건강해지고 높은 자존감을 얻었다. 가족과 행복한 관계를 이루고 새로운 사회에 자신의 재능을 드러내며 적응했다. 그녀는 자신이 원하는 길을 개척했다.

내 여동생의 이야기이다. 그녀는 인생에서 두 번의 정체성 방황을 겪었는데 지금 돌이켜보면 매우 중요한 시간이었다. 무의식을 깊게 들여다보고 진정 원하는 길을 찾아 개척하는 모습은 진취적인 그녀의 성향을 보여준다.

정체성을 찾기 위해 방황하는 동안 나는 그녀의 무의식을 함께 들여다보았다. 그녀의 재능과 잠재력, 무의식적 욕구, 유전적 성향, 에너지의 방향, 영적 존재로서의 성장 등이 모두 고려되었다. 그리고 이러한 고민 끝의 결과는 언제나 예상치 못한 새로운 삶의 전환이었다.

그녀가 새롭게 택한 직업은 창의 융합적이다. 동양의 문화를 서양과 접목하고 자신의 재능을 연결했다. 인간의 몸과 마음의 건강, 영적 성장을 목표로 하는 수련 방식은 인공 지능 시대에 대체되지 않을 직업이다. 그녀는 사업적으로, 가정적으로 모두 꿈을 이루며 살고 있다.

만약 통역가로서 자신의 정체성을 찾지 못했다면 인공 지능 시대에 경쟁력을 잃었을지도 모른다. 그녀는 무의식을 들여다보고 자신이 있어야 할 자리를 찾았다. 그녀는 순리를 따르며 영혼을 빛내는 삶을 산다.

이처럼 무의식에서 삶의 목적을 찾고 정체성과 운명을 개척하는 과정은 자아실현과 영적 성장을 가져다준다. 정체성의 큰 방황 뒤에는 커다란 삶의 변혁이 기다리고 있다. 이는 진정한 성장의 기회이다. 방황을 기회로 삼고 기뻐하길 바란다.

잠재력은 스펙트럼이 넓다
– 남들과 다르더라도 OK!

한 가지 당부하고 싶은 게 있다.

처음에 언급했던 스펙트럼을 기억하는가?

과거에는 우리 삶이 정상 범위의 스펙트럼 안에 있기를 원했다. 남들이 보았을 때 무난하고 평범하게 살기를 바랐다. 남들이 원하는 것을 나도 원했고 그로 인해 경쟁 피라미드 안에서 살아야 했다.

인공 지능이 인간을 대체하는 능력을 지니는 시대에서는 이러한 가치관이 바뀌게 된다. 차별화된 잠재력이 새로운 기회이다. 이러한 잠재력은 과거에는 남들과 달라서 드러내지 못한 것이었을지 모른다.

튀거나 인정받지 못했던 점들이 의외의 잠재력일 수 있다. 천재와 미치광이가 종이 한 장 차이라는 이야기가 있다. 잠재력의 발현이 좋은 쪽으로만 나타나지 않을 수도 있다. 잠재력은 미숙한 상태에서는 오히려 단점으로 보이는 양날의 검일 수 있다.

예민한 성격이 사실은 예술적 섬세함일 수 있다. 산만한 성향이 창의 융합적 사고로 발전할 수 있다. 공상을 많이 하고 혼자만의 생각에 빠지는 사람이 깊은 연구자가 될 수 있다. 튀는 모습에 대한 주변의 피드백 때문에 자기 모습을 숨기고 자존감이 낮아질 수도 있다.

이처럼 남들과 다른 잠재력을 찾는 것은 두려움과 위험이 뒤따른다.

자신의 관심사에 꽂혀서 현실 감각을 잃을 수도 있는 일이다. 미성숙한 잠재력이 발현되어 성장하는 과정은 인내심과 시간이 많이 필요하다. 그 과정은 인생의 많은 것들을 고려해야 하며 창의 융합적이다.

이러한 두려움과 위기, 어려움을 바로잡아주는 게 영혼이다. 영혼은 언제나 사랑으로 나의 무의식을 비추면서 최적의 삶을 향한 방향을 찾아준다. 특히 나를 사랑하는 사람들에서 우러나오는 사랑의 에너지는 큰 힘이 된다.

자존감이 무너질 때나 희망을 잃었을 때, 건강이 나빠지거나 인간관계에 회의를 느낄 때, 자신의 길을 잃었다고 느꼈을 때 언제나 무의식을 살피길 바란다.

최적의 삶을 찾아줄 세상과 연결된 영혼의 빛, 영혼의 브랜드가 당신을 기다리고 있을 것이다.

브랜드로 트렌드를 이끌어라

나 자신, 그리고 상담했던 사람들이 휴먼 브랜드가 되도록 힘쓰면서 했던 고민이 있다.

휴먼 브랜드들이 성공적으로 세상에 자신을 알리고 영향력을 미치려면 어떻게 해야 할까?

그 답은 두 가지였다. 첫째, 휴먼 브랜드가 트렌드에 맞았을 때 세상을 이끌어갈 힘을 얻는다는 것이었다. 둘째, 브랜딩의 짝은 마케팅으로 휴먼 브랜드도 자신을 알리기 위한 마케팅이 필요하다는 것이었다.

브랜드는 트렌드를 이해한다
– 세상에 필요한 존재가 되라

트렌드란 세상에서 일어나는 사건들이 일정한 방향으로 흐르는 것이다. 트렌드는 많은 사람이 유행처럼 따르고 혁신이 일어나는 곳이다. 미래를 예측하는 사람은 트렌드를 이끌어간다. 트렌드가 나타나는 이유는 지금 세상에 가장 필요한 최적의 흐름이기 때문이다.

트렌드가 유행처럼 번질 때 이를 모방하고 따르는 사람들이 있다. 그것이 쉽게 성공하는 방법이라고 생각하고 트렌드를 좇다가 결국 자신을 놓치고 경쟁력을 잃어버린다. 반면 자신의 길을 뚜렷하게 알고 묵묵히 가는 사람들이 있다. 그러나 이들의 길이 트렌드와 맞지 않으면 세상에 인정받지 못하고 도태된다. 또는 트렌드를 너무 앞서서 자신의 길을 가다가 사람들에게 인정받지 못하기도 한다.

결국 최적의 성공을 추구한다는 것은 자신의 길을 명확히 아는 휴먼 브랜드가 세상의 흐름인 트렌드를 타는 것이다. 우리는 이 경우 성공할 운을 얻었다고 한다.

최적의 삶을 사는 휴먼 브랜드는 세상의 트렌드도 이해한다. 순리에 맞는 최적의 답을 추구하기 때문이다. 세상과 자신이 연결되어 있어 무의식으로 세상의 흐름을 이해한다. 트렌드를 따르려면 휴먼 브랜드도 지속적인 혁신이 필요하다. 그래서 휴먼 브랜드는 계속 진화한다.

휴먼 브랜드가 트렌드에 맞다는 뜻은 세상에 필요한 존재가 된다는 것이다. 트렌드를 이끌어갈수록 사람들에게 선한 영향력을 확장해갈 수 있다.

브랜드는 마케팅을 활용한다

휴먼 브랜드가 세상에 알려지는 또 다른 방법은 바로 마케팅이다. 브랜딩과 마케팅은 뗄 수 없는 관계가 아닌가. 사업에 중요한 브랜딩과 마케팅이 휴먼 브랜드의 성공에서도 쓰인다. 기업이 아닌 휴먼 브랜드가 마케팅하려면 부담 없이 시작해야 한다.

자신이 가진 잠재력을 브랜드 마케팅에서는 콘텐츠라고 부른다. 다양하고 개성 넘치는 콘텐츠들이 SNS에 올라온다. 콘텐츠를 이미지, 영상, 스토리텔링으로 풀어서 다양한 마케팅이 가능하다.

휴먼 브랜드가 가장 잘 활용할 수 있는 마케팅은 책과 유튜브이다. 책은 휴먼 브랜드로 인지도를 쌓을 수 있는 좋은 방법이다. 마케팅 트렌드인 유튜브는 휴먼 브랜드가 세상에 자신을 알릴 수 있는 영향력 높은 매체이다.

우리는 책과 유튜브를 통해 다양한 휴먼 브랜드들을 만난다. 예전에는 유튜브 크리에이터가 하나의 직업처럼 여겨졌는데 지금은 누구나 유튜브를 통해 자신을 알린다. 하나의 마케팅 수단으로 자리 잡은 것이다.

트렌드를 이끄는 휴먼 브랜드가 되라

최근 유튜브 콘텐츠를 보며 관심 가는 이가 있다. 바로 이영지이다. 이영지는 랩을 하는 가수지만 사람들에게는 이영지라는 휴먼 브랜드로 알려져 있다. 그녀는 MZ 세대를 대표하는 아이콘으로 떠올랐다. 남의 눈치를 보지 않고 자신의 길을 자유롭게 가는 의지, 기부를 통해 선한 영향력을 행사하는 모습 등이 그녀의 길을 응원하게 만든다.

그녀는 잠재력을 다방면으로 펼친다. 그녀는 〈고등 래퍼〉라는 랩 경쟁 프로그램에서 1위를 하면서 데뷔했다. 랩도 잘하지만 춤에도 재능이 있다. 유머도 풍부하여 인기 예능 프로그램에서 활약한다.

그녀의 매력은 유튜브 콘텐츠에서 잘 드러난다. 그녀가 운영하는 유튜브 콘텐츠인 '차린 건 쥐뿔도 없지만'은 그녀가 사는 작은 오피스텔에서 연예인을 불러 술을 마시고 대화를 나누는 내용이다. 이 콘텐츠는 엄청난 인기가 있어서 유명한 연예인들이 초청되며 수백만에서 천만이 넘는 조회 수를 자랑한다.

연예인 이영지가 만든 유튜브 콘텐츠 '차린 건 쥐뿔도 없지만'

그녀는 아직 20대 초반이지만 상당히 성숙한 내면을 가지고 있다. 자신을 성찰하며 사람들을 공감하고 마음을 따뜻하게 감싸준다. 그녀는 대중 앞에서 화장기 없는 모습으로 망가지는 걸 두려워하지 않는다. 높은 자존감을 가졌다는 뜻이다.

그녀는 넘치는 에너지를 가지고 있으며 그 빛은 따뜻하다. 자신이 무엇을 원하고 무엇을 잘하는지 잘 알고 있다. 자신이 어떤 사람인지에 대한 정체성도 분명하다. 그래서 그녀는 주도적이고 자유롭다.

그녀는 휴먼 브랜드로서 자신의 재능을 잘 알고 자신이 원하는 길을 자신 있게 걸어간다. 자신이 사람들에게 영향력을 미치는 것을 이해하고 선한 영향력을 키우고자 한다. 휴먼 브랜드로서 트렌드를 이끌어가는 대표적인 예이다.

이전에는 대기업들이 트렌드를 만들고 이끌었다면 이제는 휴먼 브랜드들이 트렌드를 이끄는 시대이다. 당신도 휴먼 브랜드가 되어 트렌드를 타고 자신의 운을 키워 최적의 성공을 이루어내라!

의사 되기 vs. 바다 탐험가 되기
– 당신의 선택은?

"나는 전생에 고래로 태어났었나 봐. 아니면 고래한테 먹히는 새우였
던가."

"그래? 그럼 나는 전생에 새였나? 매번 날아다니는 꿈을 꾸거든. 나는
바다는 너무 무서워."

바다를 좋아하는 남편과 물을 무서워하고 멀미가 심한 나는 신혼여행
때부터 삐걱거렸다. 신혼여행으로 인기 있는 휴양지인 아름다운 섬에 도
착했을 때 둘의 반응은 극명하게 엇갈렸다. 남편은 아름다운 바다를 보
며 황홀해했고, 나는 작은 섬에 갇힌 외로운 새 같았다.

나는 남편의 여행 스케줄을 도저히 따를 수 없었기에 남편을 자유롭게 해주기로 했다. 그 뒤로 바다로 여행을 갈 때는 남편이 아들만 데리고 가거나 남편 혼자 여행을 떠났다. 남편은 다이빙 자격증을 따서 30미터 깊이까지 들어가 마음껏 바다를 즐겼다.

내 책을 읽고 나서 얼마 지나지 않아 남편이 갑자기 얘길 꺼냈다.

"만약에 말이야, 내가 의사를 하지 않고 바다와 관련된 일을 했으면 어땠을까? 그랬다면 나는 너무 행복했을 거야. 내가 좋아하는 바다와 매일 함께하니까. 나는 전 세계의 바다를 다 다녀보고 싶어."

"그래, 그랬으면 좋았을 것 같은데?"

남편은 그렇게 이야기하고는 50살에는 자신이 꿈꾸던 세계 바다 여행을 가고 싶다고 했다. 나이가 들면 여행을 활발하게 다닐 수 없으니 미루면 안 된다며 진지하게 얘기했다. 나는 그 꿈을 진심으로 응원한다.

여러분은 어떻게 생각하는가? 만약 남편이 20대로 돌아가 자신의 직업을 고른다면 안정적인 의사의 길을 가는 것과 자신이 좋아하는 바다와 관련된 일을 하는 것 중에서 어느 쪽을 선택하는 게 낫다고 느끼는가?

우리 세대에는 사실 이 답이 정해져 있었다. 당연히 안정적인 의사를 직업으로 삼고, 바다를 가는 것은 취미로 삼아야 했다. 자신이 좋아하는 것보다 다른 사람들이 보기에 경제적으로 안정적인 직업이 우선되는 시대였다. 좋아하는 취미로 돈을 버는 건 상상하기 쉽지 않았다.

하지만 시대가 바뀌고 있다. 인공 지능에 대체되지 않고, 무의식을 따르는 최적의 삶을 산다면 답은 후자가 될 수 있다. 여러분도 이 책을 읽고 나서 그럴 수 있다고 고개가 끄덕여진다면 내 메시지가 잘 전달된 것이다.

만약 다중 우주가 있어서 남편이 후자의 삶을 선택했다고 생각해보자.

남편은 전생에 고래였다고 느낄 정도로 바다가 끌린다. 나는 이것을 남편의 영혼에서부터 나오는 울림이라고 본다. 남편은 누가 시키지 않았지만 자연스럽게 다이빙을 공부하고 너무나 즐겁게 계획을 짠다. 게다가 전 세계의 바다를 다 탐험해보겠다는 꿈이 생긴다.

내가 처음 뇌에 관심을 가졌을 때 뇌의 모든 영역을 다 알고 싶다는 꿈이 생겨났다. 이처럼 잠재력을 펼칠 수 있는 분야를 만나면 무한한 탐색의 욕구를 지니게 된다. 이러한 욕구는 영혼과 무의식에서 자연스럽게 올라오는 메시지이며 세상과 연결되는 힘이다.

자신이 좋아하는 일을 직업으로 선택하면 일과 놀이의 경계가 사라진다. 남편이 바다에서 매일 일했다면 시간 가는 줄 모르고 일에 몰입했을 것이다. 좋아하는 일이므로 불필요한 스트레스가 줄고, 하루하루가 행복했을 것이다.

일로서도 나는 그가 분명히 성공했을 거라 믿는다. 의사라는 직업을 가질 정도로 성실하게 공부하고 열심히 일한 사람이라면 자신이 정말 좋아하는 일에서는 더 집중해서 열심히 할 것이다. 영혼에서 나온 잠재력으로 최선을 다했다면 세상에 선한 영향력을 미쳤을 것이다.

그래서 나는 남편이 50대에라도 자신이 꿈꾸는 삶을 시작하는 걸 적극 찬성한다. 50이라면 요즘 세상에는 한창 젊은 나이다. 남편이 다시 태어나지 않고도 지금이라도 꿈꾸어온 것을 실현하길 바란다.

그러한 남편의 선택이 남편을 그 어느 때보다 건강하고 행복하게 만들고, 활력 넘치는 최적의 삶을 이루게 할 것이라 믿는다.

늦지 않았다, 인생을 리브랜딩하라!

〈닥터 차정숙〉이라는 드라마가 인기였다. 자신의 인생을 내려놓고 남편과 자녀들을 뒷바라지하던 주부가 가족을 위해 미뤄둔 의사의 꿈을 이루어가는 이야기이다. 시청자들이 주체적인 인생을 선택한 주인공에 대해 감정 이입하여 큰 공감을 얻었다.

이와 비슷한 예가 내 어머니이다. 어머니는 자녀들을 다 키우고 손주들까지 봐주시고 나서 공부가 하고 싶다고 하셨다. 현재 사회복지학과 대학원 박사 과정을 밟으시며 노년의 행복한 삶에 대해 진지하게 탐구하고 계신다.

내가 좋아하는 리더분이 계신다. 그녀는 바이올린 연주자이자 오케스트라 지휘자로 열정적으로 활동하셨고 대학에서 많은 제자도 키우셨다. 평소에 유머가 많고 춤도 잘 추셔서 사람들을 행복하게 해주신다.

그녀의 다양한 재능 중 운동 재능이 있었다. 그녀는 악기를 연주할 때 자연스럽게 몸에서 힘을 빼고 유연하게 움직이는 방법을 골프에 적용하여 자신만의 다치지 않는 골프 레슨 방법을 만들었다. 그리고 미국 골프 티칭 프로 자격증을 땄다. 그녀는 골프 티칭 프로로 제2의 인생을 준비하고 있다. 나는 그녀가 자신의 꿈을 이루고 휴먼 브랜드로 성공하는 것을 응원하고 도울 것이다.

나는 50대, 60대 리더분들을 만나며 나타나는 트렌드를 관심 있게 보고 있다. 은퇴 이후 제2의 인생을 꿈꾸며 휴먼 브랜드가 될 준비를 하는 것이다. 나는 이를 삶을 다시 브랜딩한다고 하여 '리브랜딩(Rebranding)'으로 부른다.

리브랜딩을 준비하는 이들은 3차 산업 시대에 전문가로 성공한 리더들이다. 세상에 대한 통찰력이 있어 변화의 흐름을 잘 이해한다. 4차 산업 시대에 자신의 전문성을 어떻게 창의 융합적으로 확장하고 변화시킬지 고민한다.

은퇴를 앞두고 경제적으로 여유가 있고, 안정적이다. 돈을 많이 벌기 위해서가 아닌 자기가 정말 좋아하는 일을 하고 싶은 욕구가 생긴다. 그동안 바빠서 하지 못했으나 마음속에 꿈꿔왔던 일들을 펼치고 싶어 한다.

건강 수명이 길어지면서 활력이 넘치고 사회 활동이 활발하다. 인생의 정점에 올라서서 지나친 욕심을 내려놓고 순리에 따르니 마음도 편안하다. 열심히 살아온 인생에 대해 만족하고 안정적인 자존감을 가진다.

최적의 건강, 행복, 관계를 이룬 시기이니 최적의 인간을 꿈꾸며 최적의 삶을 완성하고자 한다. 그들은 자신이 누구인지 잘 알고, 무엇을 잘하는지, 무엇을 원하는지, 자신의 운명이 어떻게 흘러가는지를 이해한다. 그들의 목적은 순수하며 영혼의 에너지가 빛난다.

　나는 그들의 열정적인 에너지를 느낀다. 리더들의 제2의 인생에서 시작된 리브랜딩 트렌드는 사회적으로 새로운 영향력을 미칠 것이다. 이들의 변화가 다음 세대에 긍정적인 영향을 미치길 기대한다.

　살면서 미뤄둔 꿈이 있는가? 무의식에서 꺼내어 실현하라. 꿈이 당신을 건강하고 활력 있게 만들고 행복하게 해줄 것이다. 이 글을 읽는 여러분들에게 내 응원의 에너지가 닿길 바란다.

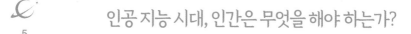

인공 지능 시대, 인간은 무엇을 해야 하는가?

시대의 기준이 바뀐다

'구텐베르크의 인쇄술, 인터넷으로 찾아온 정보 혁명에 비견할 새로운 혁명'이 시작되었다. 사회·경제·기술적으로 커다란 변화를 가져올 챗 GPT를 표현하는 말이다. 챗GPT로 인해 모든 산업 분야에서 본격적인 인공 지능 시대가 열리기 시작했다.

2022년 12월, 테슬라 CEO 일론 머스크와 실리콘 밸리 투자자 샘 올트 먼이 공동 설립한 비영리법인 '오픈AI'가 고도화된 언어 생성 인공 지능 기술 '챗GPT'(Generative Pre-trained Transformer)를 공개했다.

챗GPT는 미국 의사 면허 시험, 로스쿨 시험, 그리고 MBA 시험에 모 두 합격한 것으로 알려져 많은 사람에게 충격을 안겼다. 인공 지능이 고

소득 전문직이었던 의사, 변호사, 경영자의 지식 수준을 가졌다는 뜻으로 전문직 인력을 대체할 가능성을 시사한다.

우리나라 입시는 아직도 의대, 치대와 같은 전문직으로 몰리는 현상이 심한데 이는 3차 산업 시대의 전문직 선호 현상이라고 볼 수 있다. 인공 지능과 함께하는 시대에 전문직 쏠림 현상이 과연 적합한가에 대해서 많은 고민이 필요하다. 진화될 인공 지능 기술의 빠른 발전을 예측하여 삶을 적극적으로 변화시킬 필요가 있다.

1, 2차 산업 혁명에는 석탄, 석유, 전기 등의 연료 사용으로 공장에서 대량 생산이 가능해지고 다양한 산업이 발전했다면, 3차 산업은 분업의 고도화로 직업의 전문화가 이루어진 시기이다. 전문가는 자신의 분야에 대한 깊이 있는 지식과 경험을 바탕으로 3차 산업을 발전시켰다.

이 시기에는 안정적인 전문직을 갖는 것이 목표가 되었다. 1993년 미국 심리학자 앤더스 에릭슨(K. Anders Ericsson)이 발표한 논문에서 등장한 '1만 시간의 법칙'은 한 분야의 전문가가 되는 데 1만 시간 또는 10년이 필요하다는 개념으로 이 시대의 중요한 기준이 되었다.

4차 산업 혁명 시대에는 초연결, 초지능화가 이루어짐에 따라 전문가의 개념이 새롭게 바뀐다. 어려운 수준의 논문이나 깊이 있는 전문 지식을 빠르게 습득하는 인공 지능이 나타났다. 이는 전문가가 일반인들이 접근하기 어려운 전문 지식으로 얻은 특권을 무너뜨리는 변화이다.

지식의 초연결은 빠르게 확장된다. 인공 지능에 의해 모든 언어가 모국어로 쉽게 번역되어 언어로 인한 지식 장벽이 사라진다. 온라인 교육으로 공간의 제약이 사라지고, 세계가 연결된다.

그 결과 한 분야의 전문가는 점차 덜 중요해진다. 각 분야의 벽을 허물고, 융합을 통해 창의적 아이디어를 내는 게 적극적으로 장려된다. 초연결, 초지능화로 창의 융합 인재가 중요해졌다. 창의 융합은 교육, 산업, 사회 모든 분야에서 가장 중요한 화두이다.

타고난 잠재력과 정체성을 찾아 시대를 통찰하라

4차 산업에서 창의 융합 리더가 중요하다는 건 자명하나 이 또한 인공 지능과 비교된다. 인공 지능이 인간보다 뛰어난 창의 융합 역량을 가지면 인간에게는 어떤 역량이 필요한가?

우리의 머릿속에는 이제 '1만 시간의 법칙' 대신 한 가지 물음이 계속 떠오른다. '과연 발전하는 인공 지능에 비해 인간이 더 잘하는 영역은 무엇인가?', 즉 '인공 지능이 우리의 일을 대체한다면 우리는 어떤 일을 해야 하는가?'이다.

이것을 이해하려면 인공 지능과 인간의 뇌를 비교해야 한다. 인간의 뇌 영역 중 인공 지능이 아직 할 수 없는 영역과 앞으로도 따라 할 수 없는 영역을 알아야 한다.

인공 지능이 전문 지식을 습득, 융합하며 창의적인 작품을 만들어내는 단계는 이미 시작되었다. 전문가를 넘어선 창의 융합도 가능하며, 점차 고도화될 것이다. 지식을 넘어선 지혜, 즉 통찰력의 단계도 머지않은 미래에서는 가능하다.

여러 뇌 기능의 끝에는 결국 '최적의 행복' 편에서 논했던 영적 존재로서의 의미와 맞닥뜨리게 된다. 영적 존재이며 사랑하는 존재이자 자아실현의 존재로서 삶의 목적을 가지는 영역이 인간의 최후의 보루다.

인공 지능이 발전하는 4차 산업 이후의 시대에는 인간이 가진 최후의 능력으로부터 삶의 방향을 시작해야 한다. 자아실현과 영적 성장을 삶의 방향으로 잡는다면 시대가 아무리 발전하더라도 인간 존재의 가치가 무엇보다 의미 있다.

심리학자 매슬로우는 동기를 부여하는 인간의 다섯 가지 욕구로 의식주의 안정, 안전, 소속감과 사랑, 사회적 인정, 자아실현을 논했다. 인간의 동기는 위계가 있어 아래의 욕구가 충족되었을 때 상위 욕구를 충족하게 되고, 자아실현이 가장 고차원적인 욕구라고 하였다.

지금 시대에는 반대가 되어야 한다. 자아실현을 이루는 삶은 과학 기술이 발전하는 시대에 생존하고 진화하는 힘을 가진다. 이러한 능력이 경제적 안정, 사회적 인정, 소속감을 가져다준다.

자아실현을 이루려면 타고난 잠재력과 정체성을 찾아야 한다. 창의 융합 리더는 시대 흐름과 기술 발전을 이해하는 통찰력을 가진다. 이러한 통찰력은 잠재력을 어떻게 써야 하는지 가르쳐주고, 영향력을 미치는 존재로서 세상과 연결된다.

우리의 삶은 인공 지능이 완벽한 지식의 총합으로 결과를 예측하는 완성된 삶이 아니다. 인간이라는 존재가 예측할 수 없는 확률로 자신이 개척한 운명을 성장시키는 삶이다.

무의식 속에 숨겨진 운명을 찾아 영혼의 브랜드를 이루는 최적의 인간으로 인공 지능 시대를 이끌어라!

우리는 영혼의 브랜드로서 트렌드를 타고 사람들에게 좋은 영향을 미치길 원한다. 세상에는 많은 휴먼 브랜드가 있다. 그중 세상에 많은 영향을 미치는 휴먼 브랜드에 대해 살펴보자.

1. 창의 융합 리더로 알려진 휴먼 브랜드

최근 휴먼 브랜드의 트렌드는 4차 산업 시대 이후의 미래를 이끌어갈 창의 융합 리더이다. 세상을 이끄는 창의 융합 리더는 다양한 스펙트럼의 잠재력을 가진다. 이들이 펼치는 잠재력과 영향력을 보면서 휴먼 브랜드로서 가야 할 길을 깨닫는다.

역사 속 창의 융합 리더는?

과거에도 역사적으로 훌륭한 창의 융합 리더가 존재했다. 역사적인 창의 융합 리더는 다양한 영역에서 뛰어난 창의적 재능을 발휘하며 방대하고 종합적인 사고를 한다. 그들은 인간의 다양한 잠재력을 발휘하여 자아실현을 이루고 최적의 삶을 산다. 시대를 앞서가는 혁신적인 업적들로 세계사에 영향력을 끼친다.

대표적인 창의 융합 리더로 레오나르도 다 빈치가 있다. 그는 이탈리아 르네상스를 대표하는 석학이다. 화가이자 조각가, 발명가, 건축가, 해부학자, 지리학자, 음악가였다. 2007년 〈네이처(Nature)〉 지가 선정한 인류 역사를 바꾼 10명의 천재 중 가장 창의적인 인물 1위이다. 그는 자유롭게 사물을 관찰하고 다양성 안에서 통일성을 꿰뚫어 보았다. 레오나르도 다 빈치의 '인체 비례도'는 인간, 세상, 우주가 근본적으로 하나라는 메시지를 표현했다.

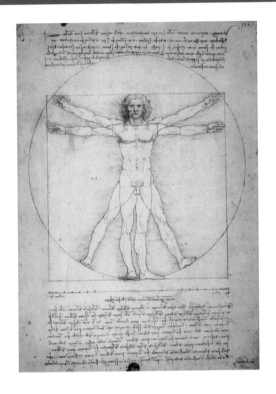

역사적으로 위대한 창의 융합 리더들을 살펴보면 창의 융합 지능이 시대적 흐름의 변화와 필요 속에서 발현된다. 세상의 변화를 관찰하고 깊게 통찰하며, 타고난 재능을 활용하여 변화를 이끄는 법칙을 찾거나 영향력을 미치는 리더가 된다.

이는 먼저 기원전 6세기경 철학과 종교, 과학이 꽃피던 시기에 나타났다. 그리스의 아리스토텔레스, 플라톤은 철학자이자 정치가, 과학자, 천문학자이며, 수학자였다. 불교의 석가모니, 중국의 공자, 노자, 한비자는 철학과 종교, 정치, 문화에 큰 영향을 미쳤다.

　근대 시대에 이르러 종교 혁명과 과학 혁명, 르네상스, 시민 혁명, 산업 혁명이 차례로 일어났다. 1500년대 대항해 시대부터 전 세계가 연결되면서 다양한 창의 융합 리더들이 등장한다. 이들은 사회 변화에 맞춰 새로운 시대를 맞이하기 위해 학문을 융합하고 재정립했다.

　이는 신에서 인간 중심의 학문으로 변화해가는 과정이었다. 종교, 철학, 심리학, 과학, 공학, 수학, 천문학, 정치, 경제, 문학 등을 학문의 경계 없이 연구하였다. 라이프니츠, 칸트, 니체, 괴테, 미켈란젤로, 갈릴레이, 뉴턴 등 서양의 유명한 학자와 예술가들이 부흥하였다.

　지리적으로 많은 교류가 있는 곳 역시 문화와 학문이 융합하고 번성한다. 중국에서 파미르 고원을 지나 중앙아시아와 페르시아 지역, 콘스탄티노플을 통해 유럽으로 연결되는 동서양 무역로는 세계 여러 민족이 이 무대를 차지하면서 융합된 문화와 국가를 이루어냈다.

　이곳에서는 특히 많은 영토를 정복하고 확장하여 제국을 건설한 군주들이 영향력을 끼쳤다. 정치와 종교, 제도 정비, 문화, 경제 교류 활성화, 다양한 민족 포용 정책 등이 제국의 융합을 성공적으로 이루어내고 동서양을 연결했기 때문이다.

　기원전 6세기부터 페르시아 제국의 키루스 대왕과 다리우스 1세, 알렉산드로스 제국의 알렉산더 대왕, 이슬람 제국의 창시자인 무함마드, 몽골 제국의 칭기즈칸, 오스만 제국의 슐레이만 1세, 무굴 제국의 악바르 대제 등이 창의 융합 리더로서 세계 역사에 큰 영향을 미쳤다.

역사적인 창의 융합 리더들은 자신이 가진 잠재력을 시대에 주어지는 사명에 맞게 활용한다. 이러한 통찰력은 세상과 인간을 이해하는 그릇이 되어 다양한 창의적인 결과물을 만들어내고 세상을 변화시킨다.

세계의 기업가들, 창의 융합형 리더들의 특징

현대에 이르러서는 과학 기술이 유례없는 속도로 발전하면서 새로운 과학 기술을 통해 3차 혁명, 4차 혁명을 일으키는 대기업의 CEO(대표)들이 창의 융합 리더로서 역할을 한다.

애플의 스티브 잡스는 경영과 마케팅에 있어 기술과 인문학을 융합하고 지속적인 혁신을 이룬 창의 융합 리더이다. 그가 중시하는 인문학적 소양과 예술적 가치관이 애플의 디자인 경영 방식을 결정지었다. 혁신 중심의 경영 철학은 애플이라는 회사의 브랜드 가치가 되었다.

일론 머스크는 미래의 인류를 위해 사업을 하는 창의 융합 리더이다. 전기 자동차 사업인 테슬라와 태양 에너지 사업인 솔라 시티는 화석 연료를 대체하기 위해 만들었다. 인공 지능이 인간에게 도움이 될 수 있도록 뉴럴 링크와 오픈AI 회사를 설립했다.

화성에 인류를 이주시키기 위해서 항공 우주 장비를 개발하는 우주 탐사 기업인 스페이스 X도 있다. 그는 엔지니어로서의 재능을 미래의 인류를 위한 사명을 목적으로 다양한 산업과 융합시킨다. 미래에 대한 상상력은 융합된 사업에 창의적인 아이디어를 부여한다.

그렇다면 성공하는 창의 융합 리더들의 특징은 무엇일까?

1. 학문 분야의 융합

창의 융합 리더들은 두 개 이상의 전문 연구 분야를 가지고 있으며, 전문 분야의 장벽을 허물고 융합하는 노력과 시도를 꾸준히 한다. 그들이 융합하려는 이유는 세상을 위한 더 큰 목적이 있기 때문이며, 가고자 하는 방향도 뚜렷하다.

2. 사고의 유연성과 열린 관점

그들의 사고는 경직되지 않고, 형식에 얽매이지 않는다. 생각은 자유롭고 유연하며, 다양하고 폭넓은 관점을 수용한다. 다양한 전문가의 관점을 이해하고, 열린 자세로 협업한다.

3. 창의성

창의성은 그들에게 영감을 주는 요인으로 새로운 분야에 대한 도전과 열정에서 비롯된다. 창의성은 예상되지 않는 조합에서 발현되므로 상반되는 분야를 융합하는 노력을 아끼지 않는다.

4. 회복 탄력성

새로운 분야를 개척하고자 하므로 배움에 대해 겸손하며, 창조적 협업에 대해 현실적으로 부딪히는 어려움을 긍정적으로 극복하려는 자세를 가진다.

5. 돕는 마음

새로운 분야의 전문가들과의 협업은 쉬운 일이 아니다. 상생 의지가 발현되거나 남을 돕는 더 높은 차원의 사명이 있을 때 잘 이루어진다.

6. 시대적 변화

역사적인 창의 융합 리더들을 살펴보면 중세에서 근대로 넘어가거나 동서양이 활발하게 교류하는 등 서로 다른 가치가 융합되는 지점에서 많이 나타났다. 이러한 혼란 속에서 창의 융합 지능은 빛을 발한다.

인간과 인공 지능이 만나는 시점에 나타나는 혼란 속에서 새로운 혁신을 만들어내는 창의 융합 리더는 큰 역할을 한다.

2. 우리나라에서 세계로 퍼지는 휴먼 브랜드

우리나라에서 특히 전 세계로 퍼지는 것은 K-pop 문화이다. 방탄소년단이나 블랙핑크는 전 세계에 한국 문화를 널리 알린다. 이들의 기획사인 하이브나 YG, SM, JYP 등은 전 세계 팬덤을 대상으로 다양한 문화 콘텐츠를 제작하고 있다.

전 세계적인 인기를 얻고 하이브라는 대형 엔터테인먼트 회사를 탄생시킨 방탄소년단은 대표적인 휴먼 브랜드이다. 방탄소년단을 생각하면 '아미(army)'라는 팬덤과 방탄소년단의 메시지가 떠오른다.

전 세계의 인기를 얻은 건 〈피 땀 눈물〉이라는 곡처럼 그들의 노력과 재능, '피, 땀, 눈물'이 세상에 인정받았기 때문도 있지만, 그들의 노래와 활동에 그 이상의 가치가 존재하기 때문이다. 방탄소년단은 아미에 대한 사랑이 유독 각별하다. 영혼을 담은 그들의 메시지는 아미를 위로한다.

2018년 방탄소년단은 'Love Yourself(자신을 사랑하라)'를 주제로 유엔 연설을 했다. 고민이 많고 방황하는 청소년들에게 자신을 사랑하고 신념과 정체성을 찾길 바란다는 희망과 위로가 담긴 메시지를 건넸다. 빛나는 존재로서 자신을 소중히 하라는 사랑의 메시지였다.

영혼을 울리는 진정성 있는 메시지는 가사를 통해, 노래를 통해, 춤을 통해, 소통을 통해 일관성 있게 전달된다. 그들은 선한 영향력으로 사람들을 위로하고 성장시킨다.

3. 미래의 휴먼 브랜드
HBS(영혼의 휴먼 브랜드) vs. HBAI(인공 지능이 가진 휴먼 브랜드)

인공 지능도 휴먼 브랜드가 될 수 있는가?

그렇다. 버추얼 인플루엔서 로지를 아는가? 로지는 가상 인간으로서 자신만의 세계관도 있고, MBTI 성향도 있다. 노래도 부르고 춤도 추며 인간 모델과 화보도 찍는다. 그녀는 늙지 않는 영원한 20대로, 사고를 치지 않는 모델이기 때문에 브랜드 가치가 올라간다.

버추얼 인플루언서 로지(Human Brand of AI)

rozy.gram ✅   팔로우   메시지 보내기

게시물 394   팔로워 15.4만   팔로우 4387

로지_버추얼 인플루언서
OH!_ROZY
🌍 KOREA'S FIRST VIRTUAL INFLUENCER ☆
⚫ I AM THE ONLY ONE, I COULD BE EVERYONE ✈ ♫
✉ contact@locus-x.com
locus-x.com

그녀는 일반적인 인간 모델보다 돈도 더 많이 벌고 있다. 이러한 가상 인간 또는 인공 지능이 휴먼 브랜드화되면 인간을 대체할 수 있다. 자신의 개성과 주체성, 뚜렷한 브랜드 없이 남들을 모방하는 수준의 일을 하고 있다면 이들에게 밀리게 된다.

자신만의 개성 있는 이야기와 인간다움, 자신만이 가진 독특한 잠재력이 충분히 드러날 때 그 사람의 인생은 가치가 있고, 나이가 들어도 아름다우며, 희소성을 가진다. 인간의 인생은 유한하기에 그 가치가 더욱 빛날 것이다.

우리나라는 그동안 선진국을 모방하면서 빠르게 성장한 패스트 팔로워였다. 남을 따라 하는 것은 쉽게 성공할 수 있지만 자신의 것으로 재창조하지 않으면 쉽게 사라지고 대체된다. HBS는 자신을 독창적으로 브랜딩하므로 경쟁력이 있어 성공 가능성이 높다.

HBS는 HBAI를 넘어선다. 영혼의 휴먼 브랜드로서 재능을 가지고 어떤 분야에서든 우뚝 서길 바란다. 그것이 현재, 그리고 미래에 필요한 최적의 인간이다.

당신은 어떤가? 당신은 어떤 잠재력을 가지고 있고, 어떤 영혼의 빛을 찾았는가? 이 책을 읽으며 고민이 되었다면, 좋다. 늦지 않았다. 은퇴 후는 물론 60대, 70대가 되어서 휴먼 브랜드를 추구하는 사람들도 많다. 무의식을 따라 최적의 건강, 최적의 행복, 최적의 관계를 만들고, 최적의 인간이 되기까지 최적의 삶을 이루는 당신의 여정에 아낌없는 응원을 보낸다.

참고자료

PART 1

4. 일과 쉼을 조화롭게 하라

1. Default and Executive Network Coupling Supports Creative Idea Production; Roger E Beaty, Mathias Benedek et al.; scientific report, 2015.

2. https://neurosciencenews.com/neuroscience-creativity-8325/Study Reveals Why Some People Are More Creative Than Others; NeuroscienceNews.; January 16, 2018.

3. http://blog.mindantix.com/2019/05/the-neuroscience-of-creativity/

5. 최적의 답을 찾아라

1. Matter-wave interference of a native polypeptide; A. Shayeghi, P. Rieser et al.; Nature Communications, 2020.

2. The mechanical basis of memory-the MeshCODE Theory; Benjamin T. Goult; Frontiers in Molecular Neuroscience, 2021.

3. 『1억배 빠른 양자 컴퓨터가 온다』, 니시모리 히데토시, 로드북, 2018.

PART 2

6. 유전자로 미래를 예측하라

1. Omeprazole Therapy and CYP2C19 Genotype ; Laura Dean, Megan Kane et al., Medical Genetics Summaries, 2012.

2. Vitamin D: Metabolism, Molecular Mechanism of Action, and Pleiotropic Effects ; Sylvia Christakos, Puneet Dhawan et al., Physiological reviews, 2016.

PART 3

2. 부정적인 무의식을 청소하라

1. 『나를 바꾸는 심리학의 지혜, 프레임』, 최인철, 21세기북스, 2021.

2. Interpreting Jung Psychology, C.G. Jung, J.Jacobi

3. 『분석 심리학, C.C. Jung의 인간심성론』, 이부영, 일조각, 2011.

3. 매일의 감정을 조절하라

1. Amygdala, medial prefrontal cortex, and hippocampal function in PTSD; Lisa M Shin, Scott L Rauch, Roger K Pitman, Annals of the New York academy of sciences, 2006.

2. Emotion, Cognition, and Mental State Representation in Amygdala and Prefrontal Cortex; C. Daniel Salzman, Stefano Fusi, Annual Review Neuroscience, 2010.

3. Linking Amygdala Persistence to Real-World Emotional Experience and Psychological Well-Being; Nikki A. Puccetti, Stacey M. Schaefer, et al., The Journal of Neuroscience, 2021.

4. Impact of short- and long-term mindfulness meditation training on amygdala reactivity to emotional stimuli; Tammi RA Kral, et al., Neuroimage, 2018.

5. 몸과 마음, 영혼을 연결하라

1. 『다세계』, 숀 캐럴, 프시케의숲, 2021.

2. 『동시성, 과학, 영혼 만들기』, 빅터 맨스필드, 달을긷는우물, 2021.

3. Interpreting Jung Psychology, C.G. Jung, J.Jacobi

4. 『분석 심리학, C.G. Jung의 인간심성론』, 이부영, 일조각, 2011.

5. 『양자 의학, 새로운 의학의 탄생』, 강길전, 홍달수, 돋을새김, 2013.

6. 최적의 성격으로 진화하라

1. 『MBTI 성격의 재발견』, 이사벨 브릭스 마이어스, 부글북스, 2008.

2. 『MBTI 내 성격은 내가 디자인한다』, 조성환, 부글북스, 2009.

3. 『애니어그램의 지혜』, 돈 리처드 리소, 러스 허드슨, 한문화, 2015.

PART 4

4. 상생과 동반으로 함께 성장하라

1. 『꽃들에게 희망을』, 트리나 폴러스, 시공주니어, 2017.

미주

1) 뇌의 시냅스에 존재하는 탈린(talin)이라는 단백질 분자는 메쉬코드(MeshCODE)라는 스위치 복합체를 형성한다. 기억을 저장할 때 컴퓨터처럼 이진법 스위치를 켰다 껐다 하면서 0과 1을 표현한다. 이는 마치 컴퓨터 반도체의 트랜지스터처럼 작동한다. 출처: The mechanical basis of memory-the MeshCODE Theory; Benjamin T. Goult; Frontiers in Molecular Neuroscience, 2021.

2) 출처: The mechanical basis of memory-the MeshCODE Theory; Benjamin T. Goult; Frontiers in Molecular Neuroscience, 2021.

3) 최근 미시 세계에서만 일어난다고 알려진 양자 현상이 거시 세계에서도 증명되고 있다. 2020년에는 276개의 원자, 15개 아미노산으로 이루어진 박테리아 생체 분자가 이중 슬릿 실험을 통과한다는 것이 밝혀졌다. 오스트리아 빈대 물리학과 교수팀은 박테리아에서 분리한 천연 항생물질인 '그라미시딘' 분자를 이용해 입자와 파동의 이중성을 확인하는 데 성공했다. 출처: Matter-wave interference of a native polypeptide; A. Shayeghi, P. Rieser et al.; Nature Communications, 2020.
2023년 5월 스위스 연구팀이 〈Science〉 지에 게재한 논문에는 '살아 있으면서 동시에 죽어 있는 슈뢰딩거의 고양이' 상태와 동일한 양자 중첩 상태를 고체 상태에서 구현했다. 16마이크로그램의 사파이어 결정은 원자 10의 17승개 가량으로 구성되며 진동을 주어 원자들이 동시에 두 방향으로 진동하도록 만들어 양자 중첩 상태를 구현해내었다. 이는 이전 연구에 비해 약 100조 배 이상 큰 고체 물질에서 성공시킨 것이다. 출처: Schrödinger cat states of a 16-microgram mechanical oscillator; Marius Bild et al.; Science, 2023.

4) 1963년에 노벨 물리학상을 수상한 헝가리 물리학자 유진 위그너는 '양자 역학이 제공하고자 하는 것은 의식의 연이은 인상을 연결하는 확률이다.'라고 설명하며 양자 이론에 차지하는 관측과 측정에 대한 의식의 역할을 언급했다. 이 내용을 인용한 숀 캐럴의 『다세계』라는 책에서는 '마음'과 '물질'이 서로 다르며 상호작용하는 두 가지의 대상이라는, 의식에 관한 이원주의 입장을 따를 때 가능한 설명이라고 말한다. 우리의 물리적인 몸이 슈뢰딩거 방정식을 따르는 파동 함수의 입자들로 구성되어 있지만 의식은 물질이 아닌 별도로 분리된 마음에 거하면서 파동 함수를 인식할 때 파동 함수가 붕괴하도록 한다고 주장할 수 있다고 하였다. 출처: 『다세계』, 숀 캐럴, 프시케의숲, 2021.

5) 출처: Networks Associated with Reward — Scientific Figure on ResearchGate. Available from: https://www.researchgate.net/figure/Triple-network-model-a-Localization-of-the-salience-network-SN-yellow-the-central_fig3_309472787 [accessed 16 Jul, 2023]

6) 척수가 손상돼 다리가 완전히 마비된 환자 3명이 척추에 무선으로 제어하는 전극을 삽입하는 수술을 받고 다시 걸었다. 스위스 공대와 의대 연구팀은 2022년 〈네이처 메디신〉에 게재한 논문에서 '오토바이 사고로 척수가 손상돼 하지 마비가 온 환자 3명이 척추에 삽입된 전극으로 척수 신경을 자극하는 치료를 통해 다시 걷고 자전거도 탈 수 있게 됐다'고 공개했다. 출처: https://www.sedaily.com/NewsView/26228WC3AM

7) 출처: 『1억배 빠른 양자 컴퓨터가 온다』, 니시모리 히데토시, 로드북, 2018.

8) 양자 컴퓨터는 슈퍼 컴퓨터와는 다른 방식으로 답을 찾는다. 양자 컴퓨터는 양자 게이트 회로 방식과 양자 어닐링 방식이 있는데 그중 양자 어닐링 방식이 조합 최적화 방식에 더 강하다. 양자 어닐링 방식이란 스핀을 하는 큐비트에 상호작용을 설정하고, 자기장을 걸었다가 약하게 하면 스핀 방향이 결정되며 에너지가 낮은 안정된 상태가 만들어지는 방식이다. 이때 만들어진 에너지의 최저 상태가 조합 최적화 문제의 답이 된다. 양자 컴퓨터는 양자 비트 또는 큐비트라고 하는 정보 단위를 처리한다. 이러한 큐비트는 전통적인 비트와 달리 0과 1 두 가지 값을 동시에 가질 수 있으며, 이를 통해 병렬적인 계산이 가능하다. 양자 컴퓨터의 기전 중 하나인 양자 병렬성은 동시에 여러 가능성을 탐색할 수 있는 능력이다. 큐비트의 특성인 중첩을 이용하여 모든 가능한 조합을 동시에 평가하고, 그 중에서 최적의 조합을 찾는 것이 가능하다. 이는 전통적인 컴퓨터에서는 한 번에 하나씩 가능성을 시도하는 것과는 대조적이다. 또한, 양자 컴퓨터의 다른 기전인 양자 얽힘은 큐비트 사이에 상호 의존성을 만들어준다. 얽힘을 통해 큐비트들은 상호 간 상태를 공유하며, 하나의 비트를 조작하면 다른 비트에도 영향을 미친다. 이러한 얽힘을 이용하면 복잡한 문제를 해결하는 데 도움이 된다. 요약하면, 양자 컴퓨터는 큐비트의 중첩과 얽힘을 이용하여 병렬적인 계산과 동시에 여러 가능성을 탐색할 수 있다. 이러한 특징은 조합 최적화 문제를 효율적으로 해결하는 기회를 제공한다. 그러나 양자 컴퓨팅은 여전히 연구 중이며 실용적인 적용에는 한계와 도전이 존재한다.

9) 출처: https://cohenweb.rc.fas.harvard.edu All-optical electro physiology in mammalian neurons using engineered microbial rhodopsins; Daniel R Hochbaum et al.,nature methods, 2014.

10) 출처: The amygdala; Joseph LeDoux; Current Biology Vol 17 No 20.

11) MBTI는 마이어스—브릭스 유형 지표(The Myers-Briggs-Type Indicator, MBTI)로서 캐서린 쿡 브릭스(Katharine C. Briggs)와 그녀의 딸 이자벨 브릭스 마이어스(Isabel B. Myers)가 융의 분석 심리학 모델을 바탕으로 1944년에 개발한 성격 유형 검사이다. 이 지표는 제2차 세계 대전 이후 감소한 남성 근로자 대신 산업계에 여성 근로자가 진출하면서 성격 유형을 구별하여 적합한 직무를 찾는 목적으로 개발되었다.